「ビジネスアスリート」が企業を救う！

AI時代こそ必要とされるアスリートの4つのマネジメント能力

BUSINESS ATHLETE

三保将司 著

かざひの文庫

はじめに
〜なぜ今「アスリートＰＭＯ」なのか〜

アスリートＰＭＯが秘める限りない可能性

本書をお手に取っていただき、ありがとうございます。

私は現在、ＩＴ業界へのコンサルタント・ＰＭマッチング業をメインに、特にアスリートのセカンドキャリア[※]（引退後のビジネスキャリア）を支援する「アスリートＰＭＯ」という事業を行っている『株式会社&ａｔｈ』の代表を務めております、三保将司と申します。

「アスリートＰＭＯ」という言葉を初めて聞いた方もいらっしゃるかもしれません。

「アスリートＰＭＯ」とは「アスリート・プロジェクト・マネジメント・オフィス」の略で、「ＰＭＯ（Ｐｒｏｊｅｃｔ Ｍａｎａｇｅｍｅｎｔ Ｏｆｆｉｃｅ）」とは企業の主にＩＴ化・ＤＸ化等に関するプロジェクトを支援・管理するマネージャーを支える社長室的な役割のことです。

その「PMO」の前に、あえて「アスリート」と付けているのは、アスリート（元アスリート）の方にIT業界のマネジメント機能で活躍していただくことで、アスリート（元アスリート）のセカンドキャリアを支援したいという思いからです。

ご存じのように、スポーツ一筋に歩まれてきたアスリートの方々の引退後のキャリアについては選ぶべき選択肢が非常に少なく、今や一つの社会問題といえるほど深刻な状況になっています。

そうしたアスリートのセカンドキャリア問題を解決することはできないものだろうか。

私は自身もスポーツ一筋のアスリート人生を歩んできただけに、他人事ではなく自分自身の問題として捉え、その解決方法を探ってきました。そして自らの体験をもとに、アスリートの引退後のキャリアとして最適な道だと確信したのが「アスリートPMO」です。

つまりアスリートの方にIT業界で活躍していただくことで、アスリートとしてのキャリアを活かし、IT業界で新たなビジネスキャリアを築き上げていただく。

それこそがアスリートのセカンドキャリアに最もマッチすると自信を持つに至りました。

ではなぜアスリートのセカンドキャリアにＩＴ業界のＰＭＯがベストマッチするのか。

その理由については本書で詳しくご説明させていただきますが、ひと言でいえば、一つのスポーツを突き詰めてきたアスリートが備える４つのマネジメント能力は、ＩＴ業界のプロジェクトマネジメントに最適で、最大限にその能力を活かせるからです。

そう断言できるベースには、私自身の経験があります。

私の運命を変えたＩＴ業界との出会い

私がなぜ『＆ａｔｈ』という会社を作ったのか、なぜアスリートＰＭＯという事業を始めたのか、私の自己紹介を兼ねて、そのあたりの事情を少しお話しさせていただきます。

私が「スポーツに関する仕事をしよう」と思ったきっかけとなる一番大きな出来事は、父の死です。

父が亡くなったのは今から8年前。

当時私はＩＴ業界の人材マッチング事業を行っている会社の営業担当のサラリーマンで

した。ある日、一人暮らしをしていた父のもとを訪れた私が目にしたのは、すでに亡くなっていた父の冷たくなった姿。

父は孤独死でした。

小さいながらも事業を営んでいた父の半生はまさに山あり谷あり。私が子供の頃は順調だった家業が徐々に傾くにつれて家計は苦しくなり、両親が不仲となって私が小学校5年生のときに離婚。それ以来、私と2つ下の弟は、父親と母親のもとを行ったり来たりする生活を送りました。そうした生活を送る中、父の晩年は経済力もなく、生活保護を受けてようやく生活していたのです。

そんな父が亡くなる前、父の家で一度だけ親子水入らずで2人きりで飲んだことがあります。そのときすでに身体がかなり弱っていた父ですが、息子の私と初めて一緒に酒を酌み交わした席で、私はずっと気になっていたことを父に尋ねました。

広島出身でカープファン、野球好きの父ですが、野球に限らず柔道でもフェンシングでも、あらゆるスポーツが好きで、ちょっと感動するようなシーンがあると、父はテレビの前でボロボロ泣き出すのです。

「何でそんなにスポーツが好きなの？何でそんなに涙もろいの？」

私の質問に父は静かに答えました。

「お父さんの人生はいろいろあった。良いときも悪いときもあった。人にも騙された。でもスポーツは嘘がないから好きだ」

それが父と最後に交わした会話です。それから間もなく父は亡くなりました。

「スポーツは嘘がないから好きだ」

父が亡くなってからもずっと、父のこの最後の言葉がいつまでも私の心に残っていたのです。

私自身も野球が大好きで、小学校から野球に没頭する野球少年でした。

当時はまだ父の家業が順調だったこともあり、小学校から立教に通っていた私は俗に言う〝ボンボン〟でした。

小学校、中学校、高校と野球一筋だった私は、高校ではサードでレギュラー。守備が良かった私は地元の埼玉新聞に小さい記事ながらも取り上げていただいたこともあります。

プロこそ目指していませんでしたが、大学に行って憧れの立教の縦縞ユニホームを着るのが夢でしたし、当然エスカレーター式で大学まで行けるものだと思っていました。

あれは高校3年の夏の埼玉県大会でベスト16で負けた後、私の高校野球生活が終わったときでした。

「お前にちょっと話がある」

そう切り出した父から告げられたのは衝撃的なひと言でした。

「経済的な理由でお前を大学に行かせられない」

父の言葉に私は言葉を失いました。

父の事業が上手くいっていないことは薄々感づいていましたが、まさか倒産寸前の状況にまで追い込まれているとは思いもしませんでした。実は高校も奨学金で通っていたこともそのとき知りました。

それまで野球一筋、スポーツしかやってこなかった私にとって、大学に行けない、大学で野球ができないことは、すべてを失うほど絶望的な出来事でした。しかしそれが経済的理由である以上、当時高校生の私にはどうすることもできません。

ずっと夢見ていた道が閉ざされてしまったのです。

「どうすればいいだろう…」

しかし幸いなことに私の家庭の事情を知った小学校以来の親友が、銀行の頭取だった彼の父親に相談してくれたおかげで、私は奨学金を受け取ることができ、何とか立教大学に進学することができました。

大学に行った私は親友と同じアメリカンフットボール部に入り、野球を離れました。もちろん野球に未練はありましたが、全寮制でアルバイト禁止の野球部では学費を稼ぐことができません。学費を親に頼ることができない私は泣く泣く野球を諦める以外に道がなかったのです。それでも大学時代は4年間アメフトを続け、様々なバイトを掛け持ちして学費を稼ぎ、奨学金とバイト代で何とか学費を工面し4年間で大学を卒業。

大手銀行に入社した私は2年間法人営業を担当しましたが、潰れかけていた父の事業をいよいよ整理することになり、その手伝いをするために銀行を辞めました。

銀行を辞めたときには「またすぐに再就職できるだろう」と軽く考えていたのですが、いざ父の事業清算が終わり再就職しようとすると、なかなか就職先が見つかりません。〝大手銀行をたったの2年ですぐに辞めた〟というレッテルを貼られたことが再就職の道を阻んだのです。

結局再就職できなかった私は今でいうフリーター生活。

牛丼屋、ガソリンスタンド、宅急便の仕分け、引っ越し屋、床材運び、電気店でwifi販売…といった現場作業員をいくつも掛け持ちして昼も夜も働きました。体がボロボロになるほど必死に働いても稼ぎは月38万円。

「こんなに働いてもこれだけ？」

それが大学卒業から5年目。

銀行を辞めてから3年、定職にもつけずに現場作業を続けていた私の生活はどん底でした。

当時の私はアメフト部の同期の仲間たちが大学卒業後も順風満帆な人生を生きているのが羨ましくて仕方ありませんでした。

同期の結婚式にも一度も顔を出したことはありません。27や28にもなって毎日ボロボロのジャージを着ている私には、彼らのことがあまりにも眩しくて、まともに顔を見ることができなかったのです。

「俺、このままじゃヤバいな…」

現場で床材を運びながら頭の中には、ゆずが歌ったオリンピックのテーマソング『栄光の架橋』が流れていました。

「チクショー！何とかしなきゃいけない」

そんな思いを胸に飛び込んだのがＩＴの人材マッチングを行う会社。

ＩＴ業界もわからないし、無形商材の営業経験もない。「ダメなら辞めればいいや」と軽い気持ちで派遣社員として入ったこのＩＴ企業が、私の運命を変えました。

ＩＴ人材不足解消のカギ

ご存じのようにＩＴ業界は常に人材不足に悩んでいます。「２０３０年には78万人のＩＴ人材が不足する」といわれています。

私の仕事は企業が欲しているＩＴ人材と、その企業のプロジェクトにマッチしたスキルを持つ人材との間に立って双方を繋ぐこと。マッチングのためのプラットホームはありますが、実際にマッチングを担当しているのは私のようなアナログの営業担当です。

こうしてＩＴ業界の人材マッチングに携わるようになった私は、その後別のコンサル会社でもＩＴ人材マッチング事業を経験した後、２０２０年４月に独立し、現在の会社『株式会社＆ａｔｈ』を設立しました。

「スポーツ選手としての道に終止符を打ったアスリートの転職支援という形で、彼らのセカンドキャリアをサポートしたい」

ＩＴ業界で10年間、何千人もの面談に同席して企業と人材をマッチングしてきたからわかることなのですが、実はＩＴ業界が求めているのはＩＴスキルが優れた人材だけではありません。交渉力やマネジメント力、人間力などを備えた人材も求められているのです。

その人材として最も適しているのがアスリートです。

チームを勝利に導くチームマネジメント、ゲームに勝つためのゲームマネジメント、ケガをしないためのリスクマネジメント、自分をピークに持っていくセルフマネジメント、そうしたマネジメント能力に秀でたアスリートは、まさにマネジメントのプロなのです。

しかしスポーツを辞めた後のアスリートたちのセカンドキャリアは選択肢が限られているのが現状です。

私自身、憧れだった大学での野球を高校3年生の夏に断念しなければいけないとわかったときは、目の前が真っ暗になりました。「これで人生が終わった」と落ち込むほどの絶望感を味わいました。

自分が進むと信じていた道を閉ざされ、夢も希望もなくした私は、選択したくない道を選択せざるを得ませんでした（もちろん、選択により新たな道が始まり、多くの出会いもありました）。

「自分の思い描いていた道と違う不遇な環境にいるアスリートに、彼らの本質・資質に寄り添った〝プラスの選択肢〟はないのだろうか」

一つのスポーツを突き詰めてやってきた夢が潰えたとき、もう他にやることがない。

本当にそうだろうか。

それまでスポーツで培ってきたアスリートとしてのキャリアを活かす道があるはず。

私の場合、それはＩＴ業界でした。ＩＴ業界のことなど何も知らなかった私ですが、野球やアメフトを通して培われたマネジメント能力、交渉力などのスキルが活かされ、独立して自分の会社を立ち上げることができました。

「アスリートとして積み上げたキャリアを活かす道がある」

「IT業界でマネジメント経験を積めば、ビジネス界でもビジネスアスリートとして影響力を持てる」

そのことを私は自分自身の経験をもとに知ったのです。

IT業界が求めている人材こそアスリート

この本は特に、〝IT人材〟不足に悩む企業およびプロジェクトの人材調達担当の方に読んでいただきたいと思います。

一見IT業界とは無縁に思えるアスリート（元アスリート）たちが、いかにIT業界が求めているPMOに適しているのか、その理由がわかります。

彼らアスリートの持つ資質が、IT業界が求めている人材とベストマッチして、今後のITビジネスを変えていくきっかけになるのではないだろうか。

私自身はそう確信しています。

なお本書では「アスリート」の定義を「アマチュアもプロも含めたトップクラスの環境や高レベルで競技活動を行っていたすべてのスポーツ選手」としています。

必ずしも誰もが知るような有名選手でなくとも、全国トップレベルの競技者であった方、またそれらに付随する方々のことを「アスリート」と呼んでいます。

そしてもちろん、アスリートの方たちにも読んでいただきたいと思います。

もしもあなたが私と同じように、今打ち込んでいるスポーツの道を諦めることになったとしても心配することはありません。

大丈夫、あなたの未来は明るい。

なぜならあなたたちアスリートは、マネジメントのプロフェッショナルだから。

引退後も元アスリートならではの価値を最大限に発揮し、活躍できる場があることを知って欲しい。

スポーツで活躍してきたアスリートだからこそ、スポーツキャリアの後のビジネスキャリアでも輝いて欲しい。

ここでは便宜上「セカンドキャリア」※と呼んでいますが、スポーツキャリアと引退後のビジネスキャリアは別のキャリアではありません。

すべて合わせて一つの〝ワンキャリア〟。

ワンキャリアの中でスポーツをやっていた時期があり、そこで培ったスキルを次のビジネスキャリアに活かしていく。

今、マネジメントのプロであるアスリートが求められています。

アスリートにとって自分の能力を最大限に活かすことができる最も有益な業界、類稀な資質を磨き上げ、再び輝き続ける自分を取り戻せる業界、それがIT業界なのです。

スポーツという道を離れても、アスリートとして培った能力を発揮できる場があります。

新たな活躍の場を求めて、新たな夢に向かって一歩踏み出してください。

そこにはあなたを待っている輝ける未来があります。

2024年9月吉日　株式会社&ath CEO 三保将司

CONTENTS

CHAPTER 03 アスリートのセカンドキャリアの現状

CHAPTER 04 ビジネスアスリートへのチャレンジ

CHAPTER 05

&athが目指す「ビジネスアスリートの未来」

おわりに

～アスリートPMO事業の未来～

CHAPTER 01

アスリート人材の付加価値

アスリートの優れた〝意思伝達能力〟

ビジネスの現場で必要とされる能力には様々なものがありますが、特にIT業界のプロジェクトにおいて必要とされているのが〝マネジメント能力〟です。

一つのプロジェクトを成功させるためには、期日通りに予算内でシステムを作り上げ、かつバグがない状態で納品することが必須ですが、そのためには細分化した組織を統括し取りまとめ、そのすべての工程を管理し、スムーズに作業を進行させるマネジメント能力に優れた人材が必要になります。

このマネジメント能力に、絶対的に優れているのがアスリートです。

試合に勝つために自分自身を徹底管理し、試合当日に自身の状態をピークに持っていくアスリートは、まさに〝マネジメントの天才〟といってもいいでしょう。

「ゲームマネジメント」
「チームマネジメント」
「セルフマネジメント」

「リスクマネジメント」

この４つのマネジメントスキルがアスリートに求められる能力ですが、アスリートは日々のトレーニングを通じて、このマネジメント能力を非常に高いレベルへと鍛え上げています。

ここで挙げた４つのマネジメントスキルについては、後ほど詳しくご説明しますが、このマネジメントスキルに関連して、アスリートが持つ能力の中で重要となるのが〝意思伝達能力〟です。

自分の意志をいかにして味方に伝達するのか。特に団体競技においては、試合中のシチュエーションに応じてチーム内での連携があります。

たとえば野球でいうと、レフトオーバーの打球を打たれたとき、レフトが中継プレーでそのボールをセカンドかサードかどちらに投げるかの判断は、中間のポジションにいるショートが状況を見ながら判断して指示を出します。

このときショートは相手のランナーの足の速さ、現在の得点状況やイニングなどの状況をもとに判断しながら、味方の視野に入りやすいところに立って、大きな声を上げて「どこに投げればいいのか」の指示を出します。

瞬時にその状況の中で自分の役割を認識し、正しいポジションを取り、敵と味方の状況を見ながら、身振り手振りで大きなアクションと大きな声を出して、ベストな指示を味方に伝える。こうした意思伝達能力が求められる場面が野球に限らず、特にチームスポーツでは多いのです。

サッカーでも意思伝達能力が要求されます。今自分たちは負けているのか勝っているのか、前半なのか後半なのか、あるいはロスタイムであればあと何分あるのか、その状況、シチュエーションに応じてやるべきことが変わります。

しかもどのポジションかによってもやるべきことが変わってきます。フォワードなのか、ディフェンスなのか、自分がどの役割を果たさなければいけないのか、チームが勝つためには自分がどう動き、チームをどう動かさないといけないのか。フィールド内では常に声をかけ合ってお互いに意思伝達し合わなければなりません。

特にチームスポーツでは、瞬時に正しく味方の選手に意志を伝える意志伝達能力が要求されます。そしてこの意思伝達能力は、実はチームスポーツに限らず、個人スポーツでも重要になります。

たとえば柔道でも、練習相手やコーチに試合相手のイメージを伝えて、そのイメージ通りの動きをしてもらう必要があります。実際の試合相手とまったく違う動きをされては、いくら練習をやっても試合に結びつかないのです。

練習のための練習ではなくて試合のための練習がちゃんとできているかどうかが個人競技では一番問われる点です。いかにイメージ通りの仮想相手になってもらうか。

そこで必要とされるのが、正確に自分のイメージを伝える伝達能力なのです。

このように、チームスポーツでも個人スポーツでも、チームに対して、まわりのコーチや選手に対して、正確に意思伝達ができる能力がアスリートには常に要求されます。

そして、この意思伝達能力こそ、ITプロジェクトにおいてPMと各組織のリーダーの間のポジションに立ち、様々な情報を吸い上げて伝達し、プロジェクトをスムーズに進行・管理するPMOに必要な能力。

PMOの意思伝達能力が低ければ、情報の伝達が円滑に進まず、プロジェクト自体の進行にも悪影響が出てしまいます。

この点からも、まさにアスリートはPMOに必要な能力を備えている適材だといえます。

アスリートのゲーム思考はビジネスもゲーム感覚で楽しめる天才

アスリートの持っている優れた能力には〝ゲーム思考〟があります。

勝ち負けがはっきりするのがスポーツの特徴であり、魅力の一つだと私は思います。

その勝ち負けのために、「このゲームをどう勝つのか」を考えるのが、アスリートに求められる〝ゲーム思考〟です。

「あの強豪チームに勝つためには、どうやれば勝てるだろうか？」

「あの選手を倒すためには、どう戦えばいいだろうか？」

チームスポーツであれ、個人スポーツであれ、自分自身の力と相手の力を比較検討して、個人スポーツであれば自分自身の力を、チームスポーツであれば自分自身の力とチームの力を最大限に引き出して「いかに勝つか」というゲーム思考が求められます。アスリートは日常的に自分の思考をゲーム思考にしているのです。

一方でビジネスの現場に目を向けてみると、この〝ゲーム思考〟で仕事に臨んでいる人はどれだけいるでしょうか。おそらく仕事を〝仕事〟として捉えている人が多いのではないでしょうか。

ある意味では仕事が〝人生〟になってしまっている。だからたとえば営業職であれば「今月の目標5件」だった場合に、目標の5件が常に重くのしかかって仕事が苦になって仕方がない。〝仕事＝人生〟と受け止めている人にとっては、仕事（目標達成）が苦しくて、人生を楽しむどころか、人生が苦しくなってしまう。

これでは仕事に対して前向きに取り組むどころか、ネガティブ思考で後ろ向きになってしまいます。目標達成が難しくなるのはもちろん、ビジネスの様々な場面にも悪影響が出てしまいます。

その点アスリートは発想自体が〝ゲーム思考〟です。「このゲームにどうやって勝つのか」を常に考えているので、ゲーム思考脳が出来上がっています。

たとえばアスリートが営業職に就いて「今月の目標5件」となった場合どうでしょうか。

私自身もそうでしたが、身体（脳）に染みついたゲーム思考が働いて、「目標5件をどうやったらクリアできるだろうか？」とゲーム感覚で捉えることができます。

「決められた目標から逆算してどうクリアするか？」

このゲームにどう勝つのかを考えるのと同じように、仕事に対してもアスリートはゲーム的な思考が生まれます。良い意味で〝仕事＝ゲーム（試合）〟と捉える感覚が身についているのです。私自身の経験からもいえますが、ビジネスの場面においても、「この目標（仕事）をどうクリアしようか」と前向きな発想で捉えるポジティブ思考が働くのです。

アスリートに備わっているゲーム思考は、ビジネスでも大いに役立ちます。仕事や目標を苦にするどころか、「クリアすべき課題」と捉えて、自ら進んでゲームに勝つための行動を取ろうとするのですから、当然良い成果も出やすくなります。

アスリートはビジネスもゲーム思考で捉え、ゲーム感覚で楽しめる天才なのです。

振り切って〝バカになれる〟才能

アスリートには社交性、ムードメーカーとしての能力も備わっています。

わかりやすくいえば、アスリートの持つ明るさ、もっとストレートにいえば〝バカになれる〟才能、これがビジネスにも大いに活かされます。

営業キャリアが長い私自身の経験談をいえば、商談の場面では、通り一遍のどこにでもあるような提案書をただ読むだけではお客様もさほど興味を示してくれません。正直「あなたじゃなくてもいいですよ」という話にもなってしまいます。

確かにその通りで、通り一遍の提案書を読むだけなら誰にでもできます。あなたじゃなくても他の誰でもいいのです。

そこで活きるのが、アスリートのバカになれる明るさ。

良くも悪くも体育会系のアスリートたちは上下関係があるため、先輩に指名されて、いわゆる一発芸を披露したり、相手を笑わせたりするシチュエーションに慣れていることが多いものです。たとえば私自身の例でいえば、飲み会の場で、モーニング娘の『恋愛レボリューション21』を振り付きでフルで歌って踊る芸を持ちネタにしていました。1番が終わって、2番が終わって、最後のクライマックスの前に1分間の間奏があるのですが、そこはダンスだけのパート。しかも結構なダンスを披露するのですが、そこもフル完全コピーで一人何役もこなして踊ります。

そこが私の差別化ポイント。これを披露すると、その場が大いに盛り上がります。

ビジネスの場でも、たとえば二次会に行って「誰か何かちょっとやってみてよ」的な雰囲気になったときに、自ら真っ先に進み出て、取引相手の前で披露して場を盛り上げることもよくありました。

この〝バカになり切れる〟というのは、ビジネスにおいても非常に魅力的な能力だと思います。実際に私の経験でも「キミ面白いね」となって、お客様のほうから私との距離感を詰めきてくださるケースも多くありました。

ビジネスとはいえ、最終的に所詮は人と人です。ロジックの前に感情が動くことで、そこで相手の心の最初の扉が開いて、「じゃあどういう話なんだ？」とビジネスのきっかけとなり、スムーズに商談が運んだことも多くありました。

そうしたバカになれる資質が多くのアスリートには備わっています。よく〝スポーツバカ〟などといわれますが、言葉は悪いですが、バカはバカなりにバカになって振り切ってやってしまえば、ビジネスでも結果は出るものです。

契約の前に商談相手の心を掴む。それがビジネスにおける必勝法。

一見クールに思えるビジネスの場でも、そうした人間性が問われる場面が実はあるのです。

ビジネスでも求められる突き抜けた〝突破力〟

今でこそ、自分の体験を人に話せるほど、人前でバカになれるようになりましたが、そんな私も最初からバカになれたわけではありません。むしろ大学3年生までは人前に出て何かをするのが苦手でした。

私が所属していた大学のアメフト部では1年生が先輩の前で一発芸を披露するのが恒例行事でした。何も芸がない私は友達に教えてもらったしょうもない一発芸を披露してダダ滑りしました。面白かったら「ＯＫ」、つまらなかったら「アゲイン」と先輩がジャッジするのですが、当然私は「アゲイン」でダメ出しされました。

そんな私の引っ込み思案な性格が変わったのが大学3年のとき。恒例の一発芸披露の場で、「そういえば三保は〝アゲイン〟だったよね」と同期が言い出したことで、1，2年の後輩もいる前で、3年生の私が急遽一発芸を披露する羽目になったのです。

「ええ、俺やるの!?」

口ではそう言ってみたものの、しかし私は1年生当時の私とは違いました。

もともとモーニング娘が好きだったこともあって、いざというときのために『恋愛レボリューション21』をビデオ録画して何回も見ては練習し、歌も振り付けもフル完コピーしていたのです。とはいえ、さすがに後輩もいる前で披露するのは恥ずかしいし、100%ウケる自信などありません。それでも勇気を出してやりました。

結果は大ウケ。その場の一体感がもの凄く、大盛り上がり。

「こんなにウケるんだ」

それが私の成功体験になりました。

大学を卒業して入った銀行でも、入寮の新人歓迎会で先輩方の前で披露しました。煌々と照明に照らされた明るい食堂、カラオケ設備もない中で『恋愛レボリューション21』をアカペラで歌いながら振り付きで踊りました。

「あいつ面白いな」

そんなことをやる新人は私以外にはいません。この『恋愛レボリューション21』のおかげで、私は先輩方の記憶に残る新人になりました。

「あんなことまでできるなら、あいつは営業もできそうだな」

私に対するまわりの見る目も変わり、俄然期待値も上がりました。

この〝記憶に残る〟ということ、〝期待値が上がる〟ことがビジネスにおいても重要です。

新人歓迎会で先輩たちの記憶に残ったことで、先輩たちから商談の後の二次会の場に呼ばれるようになりました。

「お前ちょっと来て、お客さんの前で披露して盛り上げてくれないか」

先輩から期待されて呼ばれることが何度もありました。

「そういえば今度提案する●●製薬の部長さんがモーニング娘大好きだから、お前呼ぶから踊って盛り上げてくれよ」

『恋愛レボリューション21』を歌って踊っても年収が上がるわけではありません。でも間接的には上がります。人の縁がどんどん広がっていくので、直接すぐにビジネスには結びつかなくても、人の縁が広がり、やがてビジネスにも繋がっていく。

そのことが大事だと気づいたのは、ビジネスの現場に何年か身を置くようになってからです。

そうしたバカになれる明るさ、やり切る能力を、アスリートは持っていると思います。

もちろん全アスリートというわけではありませんが、少なからずそういう下地を積んでいるアスリートは多いでしょう。

アスリートには振り切れる下地があります。間違いなく、そういう場面を何回も経験しているので、無茶ブリにも慣れているし、無茶ブリ耐性があります。

「記録よりも記憶に残る」

これは私の立教の大先輩でもある長嶋茂雄さんの現役時代を表した言葉「記録よりも記憶に残る選手」ですが、これはビジネスでも大事なことだと私は思います。

アスリートの持つ〝バカになれる力〟は決して無駄ではありません。私自身の経験から自信を持って言いますが、ビジネスの場でも役に立つ能力なのです。

正直なところ、私は銀行員としてはそんなに成果は残せていません。でも記憶には残ったと自負しています。

記録よりも記憶に残る。長嶋茂雄スタイルです。

緊迫したビジネスの場でも、バカになれるような突き抜けた突破力が求められる場面があります。そしてその突破力は、アスリートに長年培われた能力なのです。

予定調和ではなく、行動力がある人材こそ企業に必要

私がＩＴ業界に入った10年前の２０１４年、会社の上司が海外にビジネスの提案に行ったときのことです。

海外の商談先を訪問し、イメージ通りの提案書を持っていき、「このプロジェクトはこのようなインパクトがあります。売り上げもこれだけ上がります。いかがでしょうか?」と、まさに通り一遍の説明をして商談をまとめようとすると、「話はわかった。飲みに行こう」と先方から誘いがかかりました。飲みの席でも無難に盛り上がり、二次会にも行った、すべて滞りなく終わって「じゃあまた明日」と、商談も上手くまとまる確約を取り付けて次の日先方のオフィスに出向くと言われたのが、このひと言。

「お前ら日本人はつまんなくなったな」

「え、何でだろう?提案書の内容もしっかり刺さっているのになぜ!?」

不思議に思っていると、先方に言われたのがこの言葉。

「昔の日本人はもっと面白かった」

この話を聞いて感じたのは、かつての〝日本は凄い〟と言われていた時代の日本人ビジネスマンの熱くパワフルな行動力。当時の日本人ビジネスマンに対する期待値と比べて、今の日本のビジネスマンへの期待値は各段に低くなってしまっているのです。

おそらく、日本が凄いと思われていた頃の商社マンや金融マンは、海外の商談の席でも、言葉は悪いですが〝男芸者〟を思いっ切り演じて、相手の心をがっちりつかんで契約に結びつけていたのでしょう。ところがバブルも崩壊し、経済成長が停滞している現状の日本のビジネスマンは、かつてのような熱意もパワフルな行動力も失っているのだと思います。

もちろんその背景には、そもそもの日本の国力が落ちていることも影響しているでしょう。閉塞感のある社会や職場、パワハラとかモラハラとか何かにつけて問題視される風潮、ちょっと尖った発言をしたらＳＮＳで叩かれる世の中、こうした日本社会の現状がビジネスの現場にも影響を及ぼしているのは間違いないでしょう。

予定調和でパソコンに向かって座り、仕事をしているようでいて何をしているのかわからない。一見真面目そうに見えて、その実はやる気があるのかないのかわからない事なかれ主義の社員たち。それが日本のビジネスの現場における現状です。

本当にそれでいいのでしょうか？

もっと突破力があって、明るくてバカになれて周囲を巻き込む力がある。そういう魅力的な人材が自社の事業の中心にいて欲しいと思いませんか。

その魅力的な人材こそ、アスリートが適任です。

組織というものは、20人いたら20人全員が前向きなわけではありません。会議でも何となくそれっぽいことを発言して「ちょっと時間稼ぎしましょうよ」的な雰囲気を感じることがありますが、よく言われている〝働きアリの法則〟で、よく働くアリは2割、それ以外の8割は普通に何となく働く（あるいはサボる）アリなのです。

会議の席で出された提案に対して「まあいいんじゃない」と消極的な態度を取る社員が8割もいれば、プロジェクトはなかなか進みませんし、企業全体の士気にも影響します。ビジネスでは予定調和になってしまってはいけません。それでは事業は発展していきません。

「まあいいんじゃない」という消極的な姿勢ではなく、前向きで積極的な姿勢が求められます。

特に新たなプロジェクトを立ち上げるにあたっては、「やりましょうよ！」と積極的に自ら動く、行動力、突破力がある人材が絶対に必要です。

それこそアスリートの得意とするところ。

素直に受け止めて即実行できるのもアスリートの価値。

そうした資質がアスリートには備わっています。

「やらなきゃ意味がない」ということをマインドとしてしっかりわかっているので、実践向きなのです。

ただ考えているだけでは何の成果も出ません。アスリートは体で覚えないと試合で勝てません。

体で覚えるためにはどうすればいいか？

それには反復トレーニングが一番いい。毎日走って、スクワットやってベンチプレスやって、野球ならばキャッチボールやってノックやって、そうした練習を日が暮れるまで毎日毎日繰り返す。練習が終わった後も一人でティーバッティングして「どうやったら打てるだろう」と考えて、周囲の人に相談を仰ぎながら自ら行動して成長していく。

「これがもし仕事だったら、最高の社員じゃないですか。何でそういう人材を採らないんですか？」

私がコンサルとして関わっている会社の人事担当者にそう尋ねることがあります。

そのとき決まって返ってくる答えはこうです。

「いいね。そういう人材が欲しい」

必ずといっていいほど、そう返ってきます。

「欲しい」と思うならば、なぜ採らないのでしょうか。

採らない理由がありません。採用するほうが絶対に会社の利益になるのですから。

考えるだけでなく、体が動くのがアスリートです。

予定調和では企業は成長しません。アスリートの持つ行動力と突破力が企業には必要なのです。

積極的に事業を推進する企業文化を構築するためにも、そうしたアスリートの価値に目を向けて欲しいと思います。

アスリートが実践しているＰＤＣＡ

実はアスリート自身も自分の価値に気づいていない人が多いのです。

スポーツに関しては自分の能力を分析して把握していても、いざビジネスとなると自分の秘めている能力がビジネスと繋がらない。

それはある意味当然と言えます。何しろスポーツ一筋のアスリート人生を歩んできて、ビジネスというものを一度も経験したことがないのですから。

本来ならばアスリートの持つ能力はビジネスシーンで大きく花開いていいはずなのに、なかなか成功することができない。

その原因は、採用する企業サイドのみならず、アスリート自身が自分の価値を知らないことが、アスリートのセカンドキャリアの障害となっています。

私自身も銀行員の頃、なかなか営業成績も上がらず、どうしていいものか悩んでいた時期がありました。

その当時よく言われたことがあります。

「今まで高校野球とか大学でアメフトとか頑張ってたんでしょ？そのときみたいに頑張ったらいいじゃん」

その言葉を聞いて思いました。

「確かにな。あのときみたいに頑張ればいいんだよ」

そう思ってはみたものの、その言葉通りに頑張れない自分がいました。

その原因は自分にありました。自分のアスリートとしての能力とビジネスを繋げることがイメージできなかったのです。

たとえば高校野球だったら「甲子園」というわかりやすい目標があります。それに向けての期日もはっきり決まっています。

高校3年の7月に地方大会が始まる。それまでにまずはレギュラーにならないといけない。そのためにはチーム内で競争に勝ってポジションを取らないといけない。そのためには「監督の自分に対する期待値はこれだ」と認識して、「じゃあこの能力を磨こう」と決める。7月までに試合が3試合あるとなれば、「そこまでにこれぐらいのヒットを打って、これぐらいの守備率を出さないと自分はレギュラーになれない」と計画を立てて、そこから逆算して朝練もしなきゃいけない、自信もつけなきゃいけない。ノートに自分の強み弱みをつけて向き合い、弱みを潰しながら強みを伸ばそうと努力もしないといけない。しかも、ただレギュラーを取るだけでなくチーム全体の雰囲気も良くしなければいけない。

これらをすべて期日を決めて、それに向けて目的設定、目標設定して動く。

アスリートとして当たり前のようにやっていたことですが、実はこれは仕事も同じだということに気づきました。

たとえば営業マンで「月の目標が5件」だとしたら、一週目、二週目、三週目…と自分でスケジュールを立てて目標達成のために動かなければいけません。

「今月の目標達成だけでなく貯金も作りたい」となれば、翌月の目標を考慮して「だったら今月の目標は三週間で達成して翌月の目標達成に向けて動こう」と計画を立てて実際に行動する。

考えてみれば当たり前のことですが、実際にやれているかというと、実行できている営業マンはほぼいません。たいていは月末近くになって「どうしよう…何もないよ」というように慌てるケースがほとんど。「何してたの?今まで」と言いたくなります。

「いや、会える人だけに会って、会うべき人に会ってなかった」

それじゃあダメに決まってます。野球でいえば、打ちやすいボールだけ打って、それで練習している気になっているようなもの。それでは実践で役に立ちません。

アポだけ取って、ロールプレイングもしないで営業に行って「ダメでした」となっても、行く前からそうなるに決まっています。守備練習でサードからファーストに投げる練習をしなくて試合でエラーしないかといったら、それはエラーするのが当たり前。ところがビジネスの現場では、その当たり前のことすらできていない人が多いのが実情なのです。

ビジネスではよく「PDCAを回す」と言われます。

「P」はPlan（計画）、「D」はDo（実行）、「C」はCheck（測定・評価）、「A」はAction（対策・改善）。つまり計画を立てて、実行して、結果を評価して、改善する。そしてまた計画を立てて実行して…これを繰り返す。このプロセスを回す（循環する）ことでマネジメントの品質を高めていく。

「計画を立てないと、失敗を計画しているのと一緒だ」

これは私の大好きな言葉ですが、計画を立てなければ成功するわけがありません。

そして計画を立てたら、計画に沿っていつまでに何をするのか実行し、そのあとに結果をチェックする。

「良かったのか、悪かったのか、できなかったのか、先送りにしたのか、ダメだったのか」きちんと自分で内省して、聞くべきは相談して、また次のアクションを起こす。

これをぐるぐる回しているのが優秀なビジネスマンが行っているＰＤＣＡ。

このＰＤＣＡを誰よりも回し続けているのがアスリートなのです。このＰＤＣＡができないアスリートは伸びません。つまりアスリートは皆、ビジネスに直結するトレーニングを日々行ってきているのです。その力をそのままビジネスに置き換えればいいだけのこと。

その力とは何かといえば、意思伝達能力であり、素直にやり切る突破力であり、目標を設定して逆算してやり遂げる行動力であり、そこから来る実践力。

そのことに気づけば、アスリートはもっとビジネスで成功していいはずです。

採用する企業サイドもアスリートのこうした能力に着目して欲しいのです。

ＰＤＣＡを実践しているアスリートは、ビジネスのみならず、実はあらゆる仕事に向いている能力を秘めているのです。

アスリートの目的達成への執着心と負けず嫌いな行動力

アスリートは〝勝利〟という目的達成のために「俺はできる」「俺はやれる」と日々、自分自身を鼓舞しています。

これはある意味〝自己洗脳〟と言ってもいいでしょう。

「自分は絶対にあの選手の球を打てる」

「このシチュエーションで絶対に俺がゴールを決める」

「あの選手に俺が絶対に負けるはずがない。あの選手に勝つ対策をずっとしてきたからだ」

アスリートは試合に勝つという目的達成のためにイメージトレーニングを重ね、毎日毎日自分自身を奮い起こして感覚を研ぎ澄ましています。

アメリカンフットボールの選手であれば、目の前に立つ相手の選手がどれだけ巨漢の大男であったとしても、ディフェンスで相手のタックルを止めなければならない。当たったら吹き飛ばされるんじゃないかと思うほどでかい相手でも決してひるまず、「絶対止めてやる！こいつをブッ倒してやる」と、それぐらいの強い気持ちで立ち向かわなければいけない。それが自分の役割。

「こいつに俺が負けたらチームも負ける。絶対に引いちゃいけない」

目的達成するために自分の役割をきっちりとやり切る〝勝ち〟への強いこだわり。チームの勝利のためには自分の人格さえも変えられるぐらいに入り込めてしまう集中力と目的達成への執着心。

「こんなにコミットしてくれて、1年間目的達成のために突っ走ってくれる社員が、あなたの会社に何人いますか？」

企業の担当者相手に私がそういう話をさせていただくと、必ずといっていいほど返ってくる言葉は同じ。

「いやいや、いません。そういう人を採りたいよね」

どの企業からも決まってそういう答えが返ってきます。

昔流行ったCMにあったような〝24時間戦えますか〟ではないですが、昭和の勢いがあった時代には、目的達成に向かってガムシャラに突っ走るモーレツ社員がいたのだと思います。自分の会社に誇りを持ってビジネスを開拓し目標を達成していく。そんな熱い気持ちと行動力を持った社員がいたことでしょう。

しかし令和の時代、そうした突破力のある社員はなかなか見つかりません。世の中全体に閉塞感が漂い、「絶対に目標を達成してやる」とか「自分がこのプロジェクトを引っ張っていくんだ」というような考え方を持つこと自体が叩かれる風潮もあって、「自分が表に立つのもメリットがないしな」というようなマイナス思考が先に立ち、行動力のある社員がどんどんいなくなっているように感じます。

でも、それで本当にいいのでしょうか？

「このプロジェクトを絶対に成功させるんだ」

そんな突破力のある人材が企業には必要ではないでしょうか。

「もう一回この会社を元気にするんだ」

そういう積極的な行動力がある人材を求めているのではないでしょうか。

その人材こそがアスリートです。

彼らが持っている目的達成への強い執着心、目標達成のためにはどんな困難にも立ち向かう〝負けず嫌い〟な突破力が、今ビジネスの世界でも必要なのです。

「もう一回日本を元気にするんだ！」

閉塞感のある今の日本の社会、ビジネスシーンを突き破る突破力と行動力。

アスリートには、現代の日本人に根本的に欠けているものが備わっているのです。

アスリートが持つ自己肯定感と自分から動く自燃性

アスリートはひたすら自分とチームの勝利のために、毎日のトレーニングで体を動かし、地道な努力を積み重ねて勝利という目的に到達します。

こうした小さな成功が積み上がっているアスリートは、自分の体験から「自分はできる」「やればできる」という自信を身につけています。逆にいえば行動を起こさずに、「うじうじ考えていてもできない」という思いも自分の実体験を通した結論として得ています。

たとえば野球のバッターだとすれば、どうやってホームランを打つ技術を身につけるのか。

「僕はバッティングに関する本を10冊読んで、ホームランの打ち方も、バッティングに必要な筋肉についても全部わかってる。でも打ち方がわからないから教えてよ」

もしもそんな風に言う選手がいたとすれば、

「いいから立って振れ！」

そう言われるだけの話。

つまり、まず自分から体を動かして、やり続けることでホームランを打てるようになってきたのがアスリートなのです。

「できた、勝った、褒められた」

「負けた、もっと凄いやつがいることを知った、悔しいと思った」

「練習した、そいつに勝った、また褒められた」

そういう繰り返しをしているのがアスリート。

成功体験も挫折体験も積んでいるのでアスリートは自分に自信を持っています。「自分はできるんだ」と自分を信じている。それがアスリートの特徴です。

試合に向けて自分自身で動かなければいけないアスリートは、常に自分自身を叱咤激励して、自分から燃えることができる〝自燃型〟です。

たとえば甲子園出場を目指すのであれば、7月の大会に向けて逆算して自分から動く。

監督に直談判してノックしてもらったり、後輩に頼み込んで朝練につき合ってもらったり、目的から逆算した行動を自分自身が決めて、自分から動いていく。

決して受け身ではない積極的な姿勢。

こうした自分から燃焼する〝自燃性〟を練習を通してアスリートは身につけています。

「やればできる」

自信に基づいた自己肯定感。

「自分からやるんだ」

自分自身がまず動くという自燃性。

アスリートが持つこの2つの能力は、プロジェクトを成功に導くという目標があるビジネスシーンでも大いに必要とされる能力なのです。

CHAPTER 02

アスリートが持つ
４つのマネジメントスキル

ビジネスに勝つためのゲームマネジメント能力

この章では、アスリートが持っている〝4つのマネジメントスキル〟についてご紹介していきたいと思います。

チームスポーツでも個人スポーツでもアスリートたちは日々のトレーニングを通じて、競技に勝つために、この4つのマネジメント能力を鍛え上げています。そしてそのマネジメント能力は、ビジネスシーンでも大いに必要とされる能力です。

まず1つ目のマネジメント能力は、アスリートに欠かせない、ゲームに勝つための「ゲームマネジメント」について。

アスリートにとって何よりも大切なのは〝試合に勝つ〟こと。試合を勝ち切るために、どうやってゲームをマネジメントしていくのか、これがゲームマネジメントです。

たとえばチームスポーツであれば、味方が劣勢のときに、いかにチームの士気を上げて試合の流れを変えるのか、そのために自分がすべきことは何なのか。

円陣を組むのか、チームメイトに「こんなことやってみようぜ」と作戦を提案するのか、監督に直談判して「彼を使ってください」と進言するのか、あるいはちょっとしたギャグの一つも言ってその場の雰囲気を和ませるのか、流れを変える手段はいろいろあると思いますが、何かアクションを起こすことで試合の流れを変えて自分のチームのほうに流れを引き寄せる。

これはゲームマネジメントの一つですが、そのためには発想力と行動力が必要とされます。

そしてこのゲームマネジメントには〝逆算思考〟も必要です。

目的は「試合に勝つこと」であるならば「試合に勝つためには今何が必要か」ということを逆算して考える。

野球であれば、終盤8回の裏に2対1で負けている状況で、1アウト・ランナー1塁で自分に打席が回ってきた。

まず確実に同点にするために何をすればいいのかを考える。

「ランナーを得点圏（2塁）に進めたい」ならば、そのためには送りバントがセオリー。自分がバントを決められる選手ならばバントすればいいけれど、バントに自信がない場合はどうすればいいのか。

「自分がなすべきことは何なのか?」

ヒットを打つためにはどうするのかを一生懸命考えるのか、指が骨折してもいいからとにかくバットに当てて球を転がすのか。

「得点圏にランナーを進める」という目的から逆算し、さらにシチュエーションを考慮して、自分がやるべきことを的確に判断する。

野球に限らずアスリートは、試合中は常に状況判断と目的からの逆算の繰り返し。つまりアスリートは常にゲームマネジメントの実践をしているのです。

これをビジネスに置き換えたときにどうなるのか。

たとえば営業であれば、月末で目標達成が厳しい状況の中、何としてもお客様のところに行って「イエス」の答えをいただかなければいけない。その状況で要求されるのは、目的から逆算して何をすればいいのかを考えること。

「近くまで来たので寄らせていただきました」と突然訪問するのがいいのか、丁寧な思いをメールにしたためたり、手紙に書いてお渡しするのがいいのか、あるいは贈り物を送るのがいいのか。

ただ状況に身を任せているだけではなくて、何かできることがあるはず。それを逆算してシチュエーションに合わせて行動する。

このとき要求されるのがゲームマネジメント能力。

そして、たとえそれが月末の数字に繋がらなかったとしても、何らかのアクションを起こすことで、お客様との関係値は間違いなくプラスになっているはず。そうしたちょっとした積み重ねが好影響となるのはスポーツもビジネスも同じです。

とにかく目的から逆算して何らかの行動をすることで、結果的にその行動がいずれ成果に結びつくものです。

「あのときはダメだったけど半年後に受注になった」とか、「うちは無理だけど、こういう会社を紹介するよ」となったとか、これは試合でいえば〝勝ち〟と同じ。

シチュエーションに応じて自分の役割を全うすることでビジネスでも勝ちに繋げる。

流れを変えるために。ビジネスに勝つために。

これがアスリートが持っているゲームマネジメント能力。

スポーツのみならずビジネスにおいても、非常に大きなスキルだと思います。

チームマネジメントにおける〝自他モチベーション〟

チームマネジメントとは「チームを勝たせるためにはどうすればいいか」を考えてマネジメントすることです。

特にチームスポーツは一人の選手がずば抜けて凄い能力を持っていてもチームは勝てません。大谷選手一人が凄くても、そのチームが全勝できるかといえば勝てません。野球であれば、試合に出場している9人のメンバー全員が協力して持ちつ持たれつ、みんなで役割分担しないと勝つことはできません。アメリカンフットボールであれば、11人対11人で、ディフェンス、オフェンスに分かれて、そのシチュエーションに応じて「次はこういうプレーが来るだろうから、お前はここをケアしとけよ」と、チーム内で連携を取り合いながら、11人で助け合いながら戦わないと勝てません。

こうしたチームマネジメントで一番大きな要素は何か。

「みんなでWIN」という目的志向の下、自他モチベーションを上げるための「承認文化」だと思います。

「自他モチベーション」とは、自分と他者（チームメイト）のモチベーションを上げること。

そのために必要なのが、お互いに承認、賞賛し合う「承認文化」です。

たとえば私がチームメイトにこう言ったとします。

「お前はいつも完璧だね。お前のところにボールが飛んでいったらエラーする気がしないよ。いつもありがとう」

こう声をかけたときに、よく返ってくる答えはこうです。

「いや、たまたまだよ」

「お前のほうが凄いじゃん」

そうした自分を謙遜する言葉。

これでは自他モチベーションはアップしません。

ここで自分も相手に賞賛の声を返すのです。

「ありがとう！そうなんだよ、自信満々でエラーする気がしないんだよ。いつも見てくれてありがとう」

これが承認文化。相手の賞賛を承認して、相手にも賞賛・承認を返す。

この承認文化を取り入れるとどうなるのか。

チーム全員がキラキラするようになっていきます。そして次第に自信を持てるようになります。

この逆パターンは何かというと、批判したり、怖れを促すコミュニケーション。

たとえばエラーしたときに、こんな風に相手をなじってしまう。

「何やってんだよ！お前のせいで試合負けるじゃないかよ。何でそんなボールも取れないんだよ。ちゃんと練習してんのかよ」

こう言われたらエラーした選手はシュンとして「ごめん」となってしまいます。しかも、その様子を見ていたチームメイトたちにも怖れが蔓延してしまいます。

「やべえ。俺がもしあのシチュエーションだったら俺も体が動かないかもしれない…」

こうした怖れが蔓延するとどうなるのか。

決められたことしかやらないとか、自分の範囲外のことに対して余計なことはしないとか、どんどんプレーが小さくなっていきます。

せっかくチームで戦っているのに、1＋1が2にならずに〝0.8〟ぐらいになってしまうのです。

これが怖れを促すコミュニケーションのデメリット。

実は怖れで人を動かすことは簡単です。

わかりやすい例が軍隊。

何かミスをしたら「腕立て伏せ30回」とか「全員で連帯責任」とか、怖れによって人を動かすことで全体を統率しています。

このやり方は短期的には自分の思惑通りに相手を行動させることができますが、相手の成長を促しているかというと決してそんなことはありません。力で抑えつけているだけです。

それでは承認文化ではどうでしょうか。

「大丈夫！全然気にすんなよ。今の打球は難しすぎた。次は俺らでカバーするから大丈夫。いつも通りやろうぜ」

誰かがエラーしても承認することで、自他共にモチベーションがアップします。

それこそ１＋１が２にも３にもアップする。

これがスポーツにおいて、承認文化がもたらす好影響なのです。

〝承認文化〟がもたらしたスポーツ史上最高の奇跡的勝利

この承認文化は、ときとして奇跡のような勝利をもたらします。

その代表的な例が、承認文化が生んだスポーツ史上最大のアップセットといわれている『ラグビーワールドカップ２０１５（イングランド開催）』での「日本対南アフリカ」戦（イングランド・ブライトン・コミュニティスタジアム）。

この大会前、日本は世界トップチームの一つのニュージーランドに〝１４５対17〟という屈辱的な大差で負けました。南アフリカはそのニュージーランドに匹敵する、世界ランク３位の強豪チーム。対する日本は世界ランク13位の弱小チーム。

その弱小チームに招聘されてやってきたヘッドコーチが名コーチのエディー・ジョーンズ。

当時の日本代表チームといえば、「死ぬ気でやるんだ」とか「切腹するつもりでこの試合に臨む」とか、いかにも日本人独特のサムライ精神で試合に臨んでいました。

それを見たエディーは「日本代表に足りないのはメンタルトレーニングだ」と見抜いて、荒木香織さんというメンタルトレーナーをチームに呼び、徹底的にメンタルを鍛え直すことにしたのです。

この荒木香織さんが、五郎丸選手のあの有名なキック前のルーティンを作ったコーチ。彼女はまず各ポジションのリーダーを集めてリーダーズ会議を開きました。

その席で彼女は各ポジションのリーダーたちにこう伝えました。

「今からこのチームに承認文化を取り入れます！」

そう言われても何のことかわかりません。

「何ですか、承認文化って？」

みんなポカンとしているところ、さっそく彼女のトレーニングが開始されます。

「じゃあリーチと五郎丸立って。リーチ、まず五郎丸を褒めて」

いきなりそう命じられたキャプテンのリーチ・マイケルは意味がわからず戸惑いながらも、思いつくままに五郎丸を褒めます。

「五郎丸、いつもキックの精度高くてありがとう」

それを聞いた荒木コーチはリーチに注文をつけます。

「もっと感情を込めて。身振り手振りをつけて」

するとリーチが大袈裟な身振り手振りで五郎丸を褒め称えました。

「五郎丸、お前のキックいつも最高だよ！いつも大事なところで決めてくれてありがとう。お前がいるから俺たちみんな、安心してプレーできるよ！」

このリーチの言葉を受けて荒木コーチが五郎丸に尋ねます。

「五郎丸さん、どうですか褒められて？」

すると五郎丸は照れくさそうに答えます。

「いや、でも外すときもあるんで。緊張もするし」

自信なさげに答える五郎丸に荒木コーチはひと言。

「違う！もっと相手に乗っかって。承認文化は自分も相手に乗っかって返すの。これを明日の練習からやります」

次の日の練習から日本代表は実際にやりました。とはいえリーダー以外はそんなことは知りません。

五郎丸がキックのポジションにボールを置いてルーティンに入ろうとした瞬間、リーチが声をかけます。

「五郎丸、お前いつもキック決めてくれて助かってるよ。カッコいいぜ、ありがとうな。このキックも当然決めるんだろ」

それを聞いたまわりの選手たちはあっけに取られて、

「どうしたリーチ？いかれたか!?」

当然五郎丸は無視してキックするだろうと見ていると、今度は五郎丸がリーチに声をかけました。

「リーチありがとう！お前の声でリラックスできた。このキックはもう決まる気しかしないね」

この2人のやり取りを見た他の選手たち全員が「何何何？」と驚いた。

そしてこの日以来、毎日練習のたびにみんなで賞賛・承認し合うようになったことで、チーム全体が前向きになり、どんどんクリエイティブになっていったのです。

「こういうシチュエーションだったらこうやってみない？」

「いいね。じゃあやってみようよ」

チーム中に承認文化が根付いていき、選手全員の中に「ここで自分が表現していいんだ」

という心理的安全性が生まれていきました。

この「心理的安全性」というのが非常に重要です。この心理的安全性が芽生えることで、それまでネガティブだった気持ちがポジティブに積極的に物事に取り組むように変化するのです。もちろん日本代表チームが強くなったのは、4年間みっちりと朝5時から夜遅くまで猛練習させたエディー・ジョーンズの指導力による面も大きいでしょう。でもそれと同時に、日本チームに浸透した承認文化によって各選手のモチベーションがアップし、戦力が大幅に引き上げられたことも間違いありません。

こうして迎えた『ワールドカップ2015』。

Bプールで南アフリカと対戦した日本チームは一進一退の攻防を続け、後半32分の段階で32対29で3点差のビハインド。

そして試合終了間際、敵陣深くでペナルティを獲得した日本は「ペナルティキックかスクラムか」の選択を迫られます。

「成功確率の高いペナルティキックの3点で同点引き分けを狙うのか、トライの5点狙いでスクラムを組むのか、どちらを選択するべきなのか」

ヘッドコーチのエディーの指示は安全策のペナルティキックで引き分け狙い。

しかし選手たちは、ここで初めてエディーの指示を無視しました。

「ちょっと待てよ、俺たちいけるよな。このシチュエーションでトライしか見えねえよな」

「確かにいけるな」

「いこうよ！」

「よしトライだ！スクラムでいこうぜ」

選手たち独自の判断で確率性の低いトライ狙いで一発逆転を狙いに行った。

一方このとき相手の南アフリカはどうだったのか。

「あいつらキックで来るだろうな。日本に同点か。まあいいか、負けてないし」

てっきりそう思っていたら、日本が選んだのは「プレイ（スクラム）」。

「ちょっと待てよ、あいつら俺らの弱点わかってるのか？これ大丈夫なのか…」

南アフリカ選手たちの間に怖れが蔓延していった。

当時の試合中の南アフリカ選手たちの音声が記録に残っています。

「何やってるんだ？日本はどういうことだ？」

その声を聞くと、南アフリカチームの選手たちが動揺し、日本チームに怖れをなしているのが手に取るようにわかります。

そしてプレイ再開。日本チームはスクラムからボールを出し、パスを繋ぎ、最後はラインぎりぎりのところにトライ！

土壇場で大逆転し、見事〝34対32〟で歴史的な勝利をものにしました。

これが世界最大のアップセット。ラグビーのような体格のいいスポーツ、かつ力の差があるチームの対戦で、これほどの大逆転が起こるケースはまず考えられません。

まさに奇跡。

その奇跡の勝利は、エディー・ジョーンズの4年間に渡る厳しい猛練習の成果と世間では評されますが、実はスポーツ心理学的にみると「承認文化の勝利」だと言われています。

日本チームがスクラムを選んだことで、選手たちに怖れが蔓延した南アフリカチームは、すでにプレイする前から心理的には日本に負けていたのです。

これが日本チームの承認文化が生んだ大勝利。

『ブライトンの奇跡』と呼ばれるスポーツ界最大ともいえる奇跡的勝利です。

企業体質も変えるアスリートの持つ能力

チームマネジメントでは非常に重要な承認文化ですが、いざビジネスシーンに目を向けると、実際のビジネスの現場では、ほとんどの企業で承認文化が取り入れられていないのが現状です。相手を賞賛・承認するどころか、行われているのはまったくその逆。

「あいつ、何かダメらしいよ」

「仕事できないからね」

「かわいそうにクビかもね」

お互いにチアアップして良い面を引き出し、助け合って成果を上げようという気風は感じられず、むしろ足の引っ張り合いをしているように感じることさえあります。

「あいつってこういう良いところあるじゃん。良い部分引き出してみんなで助け合おうよ」

そんなことを言おうものならすぐに否定されます。

「何キレイごと言ってるんだよ。あいつがクビになれば、その分俺らの給料上がるじゃん」

目先の自分の利益だけを考えるような世界。そんなつまらない体質ではプロジェクトは上手くいきません。企業の成長も望めないでしょう。

こうした目先の利益しか考えない、社員のモチベーションが上がらない企業体質を変えるのがアスリートです。チームを勝たせるために自他モチベーションを上げる能力を持つアスリートは、そうした企業体質すら変える力があります。

ラグビー日本代表チームが変わったように、企業も変わることができます。

アスリートが持つ承認文化を取り入れることで、ビジネスの現場でも一人一人のモチベーションがアップし、仕事の成果が大幅にアップする可能性が生まれるのです。

組織を浄化するアスリートの自己犠牲精神

アスリートが持つチームマネジメント能力で大きな要素となっているのが〝自己犠牲〟の精神です。

その最もわかりやすい例が、野球の送りバント。

打者とすればヒットの可能性を自ら捨てて、ベンチの指示に従って送りバントをする。

これはまさに自己犠牲そのもの。別名「犠牲バント」と呼ばれているように、自分を犠牲にしてまでもチームが勝つために尽くそうというのが送りバントです。

「今ここでバントをするのが一番正しい選択だ」

指示に従い、自分の判断でバントする。こうした自己犠牲の下にチームの勝利は成り立っています。

ラグビーも同様に、「俺が倒されても仲間が後ろに走っているから大丈夫」と、自分は倒される覚悟で相手陣に突っ込み、相手のタックルで倒されても仲間の位置を確認することなくノールックパスでボールを味方に投げる。それは仲間を信じているから。「ここに絶対に走ってくる。仲間が助けてくれる」とチームを信頼しているからこそできるプレイ。「自分は犠牲になるから後は頼む」という自己犠牲が繋がってトライが生まれるのがラグビー。

駅伝もそうです。メンバーに選ばれなかった選手も水分補給のアシストをしたり、並走しながら懸命に声をかけたり、チームが勝つために自分は駅伝を走れなくてもサポートに回る。これも一つの自己犠牲です。

チームが勝つためには自己犠牲が必要なのです。アスリートにはその自己犠牲精神が染みついています。

この自己犠牲精神がビジネスの場でも非常に役に立ちます。「チームのために」と自己犠牲もいとわずに仕事する人間がメンバーに加わることで組織全体にも徐々に「チームのために」という気持ちが浸透していきます。スポーツ同様に、1の力が2にも3にも10にもなって大きな成果となります。

逆に自己犠牲のないチームはどうでしょうか。

「自分の成績が良ければいい」では、企業は伸びていきません。誰もが自分は可愛いものです。しかし「自分が自分が」だけだとチームは乱れます。

たとえば営業組織でいえば、一匹狼の集まりのような組織になりがちです。「自分の売上が良ければいい。何ならあいつのお客さんを上手いこと取って自分の成果にしてボーナスアップすればいい」

そうしたマネーばかり追いかけている一匹狼的な営業マンが多いのが現実です。特に成果報酬の形態をとっている組織には多いように感じます。

組織を運営する側も、どうしても短期的な売上が欲しいので、できる人間を採用したい。だからどうしても一匹狼を採る傾向があります。

ところが結果はどうでしょうか。

一匹の巨大な肉食魚が他の魚まで全部食い尽くして終わり。

最初はキレイだった水槽の水がだんだん濁ってきて、キラキラして泳いでいた魚たちもみんな汚れてしまった。

そして、その一匹の巨大な肉食魚が辞めた後には何も残りません。チームで何かを成し遂げるようなモチベーションはすでに失われています。

短期的な成果は出たかもしれない、でも本当にそれでいいのでしょうか。

組織としてどちらが資産でしょうか。

短期目線ではなく、中長期目線で見たとき、自己犠牲精神のある人材が組織にとってどれだけ大切なのかわかると思います。

ビジネスの場でも役に立つ〝チーム愛〟

アスリートは〝チーム愛〟にも溢れています。チームが勝つためには自分が犠牲となってもいいから勝利のために貢献する。これはまさにチーム愛です。

この〝愛〟ですが、愛というのは思っているだけでは伝わりません。相手に対してしっかりアクションをする。これが愛。愛とは行動だと思います。

一方で、見返りを期待している愛は本当の愛ではありません。「これだけ与えるから、これだけ返してね」という〝請求書付き〟の愛は、本当の愛だとは思いません。見返りを求めない愛こそが本当の愛。

この愛の行為がわかりやすく起きているのがスポーツの現場です。

試合中の選手は「自分がこうするからこう返して欲しい」という見返りを一切求めていません。ただ純粋に「勝ちたい」という目的のために行動しているだけ。勝利のために、ただひたすらチームや仲間に奉仕する。

たとえば私は高校野球時代にサードを守っていましたが、相手打者がバッターボックスに立つときにショートにアドバイスを求めることがありました。

「どうかな?次のバッター、セーフティバントあるかな?」

「あると思う。ちょっとケアしたほうがいいよ」

私の問いかけに対してショートは快く返してくれました。彼は何の見返りも求めていません。チームが勝つために、無償でアドバイスしてくれたのです。

これはサードへの愛、そしてチームへの愛。私というチームメイトに対してしっかりとアクションを返してくれた。見返りを求めず勝利のためにただ奉仕する。

愛は行動です。「目は口ほどにものを言う」という言葉もありますが、目だけでは愛は伝わらない。やはり行動がすべて。

〝チーム愛＝行動〟です。

これはビジネスの場でも同じ。

チーム愛があるからチームに貢献するための行動をする。チームに役立つために行動する。

だからチーム愛に溢れたアスリートたちは、ビジネスの場でもチームのために行動できるのです。

プロジェクトを成功に導くという目的のために、ただひたすらチームに貢献する人材が一人いることが、プロジェクトにとってどれだけプラスに働くのか。

それがどれほど価値があることか。

あえてご説明などせずとも、ご理解いただけると思います。

ベストパフォーマンスのためのセルフマネジメント

アスリートは試合でベストパフォーマンスをするために「ピークをどこに持っていくか」のピーク管理、健康管理に関して、セルフマネジメント能力にも優れています。

睡眠時間、食事、トレーニングの内容…試合に合わせて自分自身で徹底管理するのがアスリートの仕事。

たとえばオリンピックであれば、4年に1度のオリンピックに出場するためにはまず選考会で成績を残さなければいけない。そこに向けてのピーク管理。オリンピック出場が決まった後は、大会当日にピークを持っていくための自己管理。

こうしたピーク管理をコーチと相談しながら計画を組んで実行する。その途中で経過を見ながら改善すべき点があれば改善してまた実行。

まさに「プラン・ドゥ・チェック・アクション」のＰＤＣＡを回しながら自分のピークを大会に合わせて持っていく。体調のみならず、技術もイメージもすべて目標に向けてピークに持っていく。

これらを当たり前にやっているのがアスリートです。まさにアスリートはセルフマネジメントの〝プロ〟といっていいでしょう。

こうしたセルフマネジメント能力はビジネスの場でも非常に重要です。

「ビジネスにおいても日々の仕事でベストパフォーマンスを出すためにはどうしたらいいのか？」

自分のコンディションを常にベストに保つことができるのが〝プロ〟。そのためには「お酒の量はこれだけにしよう」「食事は食べ過ぎないようにしよう」「睡眠時間はこれだけ取ろう」「朝起きたら30分ウォーキングしよう」…それを考えて実行できるのがアスリート。

「ちょっと昨日飲み過ぎちゃってさあ…」というような人がトップの組織は弱いものです。

組織全体にトップの姿勢は影響します。組織メンバー全員の士気にかかわります。

その点、アスリートは自分のコンディションについて十分わかっています。常にベストコンディションを保つためには何をすればいいのか、日々のトレーニングを通して体に染みついていています。

「あいつ、昨日2時までお客さんと飲んでたのに朝からピッカピカじゃないか」

自分のコンディション作りができるのがアスリート。

「あの後、熱いサウナに入ってお酒を全部抜いて、朝起きてからストレッチして出てきました」

〝そんなこと、とてもできないよ〟と思うでしょうが、それがセルフマネジメント。

そのセルフマネジメントを日常的にやってきたのがアスリートです。だからビジネスの場でもできるのです。

そんな人材が一人入るだけで、組織全体に好影響をもたらします。

その一人をモデルとして、一人一人がセルフマネジメントできるようになれば、組織としてもベストパフォーマンスを上げることができるようになるのです。

〝強み弱み〟を分析して勝ち筋を見つける

アスリートは常に目的から逆算して「自分がどういう現在地なのか？」を分析しています。

「自分はここに強みがある」

「このスキルは自分にはない」

日々のトレーニングで自己分析し、さらに試合でのフィードバックでそれが明確になる。その結果を受け入れて、「ここはこうやって伸ばそう」「この練習をして弱みを減らそう」と、自分の強み弱みの分析もしています。

そうした分析能力に長けているのもアスリートの特徴です。

これは完全にビジネスと同じ。

たとえば、お客様にプレゼンテーションする際に、こちらの提案が相手に刺さらないといけません。

ただ提案書を読むだけでは相手の心を掴むことはできません。相手に提案が刺さるためには〝必要なのは何か〟を分析しないといけません。

A「今回の目的は？」

B「プレゼンテーションを通してお客様をこの会議に連れていくこと」

A「ではどういう状態で？」

B「もちろんこの製品について前向きに検討しようという気持ちで会議に来てもらうこと」

A「それがゴール。目的が決まりました。そこで現状はどうなのか現状分析すると？」

B「現状は他社の製品のほうがいいと、他社に気持ちが傾いています」

A「何で他社の製品のほうがいいの？」

B「他社のシステムの〝この部分が自社に合っているのではないか〟とおっしゃってました」

A「でもそれは、こちらのシステムでもできるはず。そこを刺さるようにプレゼンしてお客様の共感を得る方向に持っていかないといけないよね」

B「そのためにはどうすればいいでしょう？」

A「〝うちでもできますよ、しかも安価で。しかもこういうこともできます〟と提案すれば刺さらない理由がないいんじゃないの？」

B「確かにそうですね」

A「じゃあそれをプレゼンする練習しようよ」

こんな風に自社製品の強み・弱みを認識したうえで、さらに相手がどの強みを欲しくて、どの弱みを気にしていないのか、競合他社はどうなのか、そうした点を分析するわけです。

こうして〝勝ち筋〟を見つけるのが、勝つためのゲームマネジメント。

ここまでわかれば、後は何をすればいいのか。

勝つためのプレゼンテーションをするためにはトレーニングが必要です。

そのトレーニングが反復練習。実践形式の練習を何度も繰り返してやってみること。それがプレゼンテーションのロールプレイングです。

いざ本番のプレゼンテーションの場では、提案書など見なくても相手の目を見て熱を込めて説明できるようにする。「それでダメだったらもうしょうがないね」と言えるぐらいまでやり切る。

その下地となるのが、強み弱みの分析。

ウィークポイント、ストロングポイントを分析することが、ビジネスでも勝ちに繋がります。

自分のスキルを磨くためには自主トレが必要

ＰＤＣＡを回して、自分の強み弱みを分析すると、「じゃあ何をやらなければいけないのか」と次にやるべきことがわかります。

ここでわかるのが〝自分が伸ばすべきスキル〟〝自分が磨くべきスキル〟です。

そしてそのためのトレーニングは反復練習。反復練習以外に身につける手段はありません。たとえばお客様との商談の際に、最初に相手の気持ちを掴んでこちらのペースに持っていく〝つかみ〟に課題があるなら、どうすればいいのか。

テレビで芸人のトークを見て面白いと思ったら、ただ見ているだけではなく「どういう風に掴んでいるんだろう」と考えて真似してみる。情報を集めて反復練習で身につける。考えなくても出てくるような腹落ちしている状態まで持っていく。

野球でいえば内角高めのストレートを打ち返すときには考えてから振っていては打てません。ピッチャーが投げてからホームベースに届くまでのほんの0コンマ何秒かの間に勝手に体が反応するレベルまで反復練習をしなければいけない。これが自主トレーニング。

ビジネスでも同じです。「お客様に何を言われても大丈夫」といえるメンタリティを持たなければいけません。

それは何でできるかというと自主トレです。何度も何度も反復練習をして自信がついているからできること。そのためには自主トレが必要です。

アスリートは誰に命じられるわけでもなく、自分のスキルを磨くために自主トレで反復練習に励んでいます。当たり前のように自主トレができるのがアスリートなのです。

イメトレでネガティブ思考をポジティブ思考に

アスリートの能力を高めるトレーニングには〝イメージトレーニング〟が欠かせません。実際に競技する場面をイメージすることで、実戦でもイメージ通りにベストパフォーマンスを発揮することができるようになります。

アスリートが行うイメージトレーニングには「予祝」があります。「予祝」とは、文字通り「予め祝う」こと。アスリートはこの予祝をイメトレでよく行っています。

たとえばラグビーのキッカーであれば、自分がボールを蹴ってゴールに決める場面をイメージします。

「ワールドカップ決勝。このキックを決めたらチームが勝利する。観客も静まり返ってる。ゆっくりボールを置く。キック！決まったー！よっしゃー！」

自分の頭の中で、その場面をイメージして「決まった！よっしゃー！」と、やる前から予め祝う、予祝する。そうすると本当に決まるのです。

不思議なイメージの力。試合する前にもう勝っているのです。勝った状態で試合に臨むから実際に勝てるのです。

これをビジネスの場に当てはめてみましょう。

たとえばチームの目標が〝今月5件〟だとしたら、「5件達成するイメージ」をチーム全員で予祝してみる。

「よし、5件達成して祝杯！これイメージしよう」

「最高だな、頑張ろうぜ！」

「いけるよ、絶対！」

こうすると不思議にモチベーションが上がって力が湧いてくるものです。

「じゃあ電話してみます」

「ダメもとで出かけてみます」

そんな風に行動に表れてきます。

これがイメトレによる〝プラスの力〟。

ところが目標達成のイメージができずに「いやきっついなあ…」「大丈夫かなぁ？」と思いながら誰も励まさずにやっていると、チームなのに1＋1が2にもなりません。

その反対にイメトレの効果でプラスの力が働けば、1＋1が2どころか3にも4にもなりえます。

イメージトレーニングで自他モチベーションを上げる手段が身についているアスリートが入ればチームにプラスの力が働きます。

ひと言でいえば「みんなをやる気にする」。

今までネガティブになりがちだったものをポジティブ思考に。

企業文化すら変えてしまう力がアスリートにはあります。

ビジネスでも必要なリスクマネジメント

アスリートの持つ４つ目のマネジメント能力が「リスクマネジメント」です。

アスリートにとって一番大事なのは身体。身体が資本のアスリートは、何よりもまずケガをしないように常にケアしています。ケガをしないためにはどのような準備をすればいいのか、常に自分自身でリスク管理しているのがアスリートです。

たとえば、格闘系のスポーツだとすれば、次の対戦相手がもの凄く大柄な選手の場合、「今までに感じたことがない負荷がかかるだろう」と想定できるならば、コーチと相談して「１ヵ月後の試合に向けていつもよりどこに負荷をかけて強化するのか」を考え、試合に向けて自らの身体を準備していく。これがリスクマネジメントです。

日常的な面でも「体を冷やさないようにする」とか「靴ひもをいつもよりきつめに結ぶ」とか「テーピングを少し強めにする」とか、そうしたちょっとした準備も日頃のリスクマネジメント。アスリートは常にリスクに対する準備を欠かしません。

とはいえ、結果としてそうした準備をしていてもケガをするかもしれない。それは仕方がありません。「これだけリスク管理したのだから仕方がない」と諦めもつきます。あるいは「準備をしたからケガが小さくて済んだ」となるかもしれない。

何よりも「最悪を想定して、最悪を起こさないために準備しておく」ことがリスクマネジメントにおいては一番重要なのです。

これはビジネスでも同様です。

「頑張ったんですけど、結局今月はゼロでした」

これはいけません。なぜ何も受注が取れなかったのか、そのためのリスクマネジメントはしたのか、その準備が問われます。

「何で1も取れなかったんだ？」

「最初から5しか目指さなかったんで、大手に向けたアクションばかりしてました」

これはリスクマネジメントがまったくできていません。

大きな目標を立てて、それに向かってアクションを起こすこと自体はいいにせよ、そこにたどり着くまでの途中の段階で〝中目標〟、〝小目標〟を設定しておくべきです。

ビジネスでも、ちゃんと成果を残すために「成果を出せない」という最悪の状態を想定して、そうならないように準備をしておく。それがビジネスにおけるリスク管理というものです。

わかりやすくいえば「〝ゼロ〟にならないように手を打っておく」。

それがビジネスにおけるリスクマネジメント。

もちろん100点だったものを90点にしないというのもリスクマネジメントとしてありますが、それよりも大事なのはゼロ出ししないこと。必ず〝プラス1〟は成果をもたらすという考え方をしないとビジネスの場では生き残れません。

特に私も携わっているIT業界のコンサル会社では〝成果がゼロ〟では「アナタのバリューは何ですか?」となってしまいます。こうなった時点でもう負のサイクルに入っています。

そうならないためには必ず事前の準備をして、リスクのある状態にならないようにしておくこと。

要は〝守り〟の強化です。

もちろん攻めも大事ですが、大ケガをしないために十分にケアして準備をするリスクマネジメントがビジネスでも必要なのです。

アスリートが持つ〝悪い流れ〟を変える力

リスクマネジメントには、事前の準備以外にも「悪い流れを変える」という能力も必要です。

どんなに事前に準備したとしても、ときには想定通りにいかずに〝悪い流れ〟になってしまう事態が起こりえます。

たとえば野球でいうと、試合の終盤で3ランホームランを打たれて3点差をつけられてしまった。ここで気持ちが切れてフォアボール連発、エラー続出となったらもうドツボにはまります。

この悪い流れを断ち切るためにはどうすればいいのか？

「3点はしょうがない。過去は過去。打たれたものは仕方ない。3点ならまだ返せるかもしれない。3点差は忘れて、ここからもう一回仕切り直ししてやろう」

ここでできることはメンタルをリセットすることしかありません。気持ちを一回切り替えて、悪い流れを断つ。

その方法は、人それぞれです。

深呼吸して「できるできるできる」と3回自分に言い聞かせるでも、グローブに書いてあるメッセージを読むでも、何でもいいのです。

要は〝ケガ〟をした状況をさらに悪化させて〝大ケガ〟にしないということ。それが悪い流れを変えるリスクマネジメント。

ビジネスの場でも想定外の悪い流れになることは経験します。そのときに、どうやって悪い流れを変えるのか、ケガを大ケガにしないようにするにはどうしたらいいのか。

ズルズルと悪い方向に行くのをリセットする。

スポーツのみならずビジネスでも、そうした流れを変える場面が訪れることがあります。

これはゲームマネジメントのところにも関係しますが、ゲームに勝つ、ビジネスでいえば成果を出すためには、プロジェクトが悪い流れに陥ったとき、その悪い流れを変えなければいけません。

アスリートが持つリセット能力は、そうした場面でも有効なのです。

リスクマネジメントに取り入れるべきデータ分析に基づく戦局分析

近代スポーツではITを使用したデータ分析が重要になっています。

たとえばサッカーであれば、「この時間帯でこの選手はこれぐらいの運動力がある」というデータがすべて揃っています。

このデータ分析を活用すれば「このシチュエーションでこの選手はだいぶダッシュ力が落ちているから、ここに足の速い選手を入れたら勝てるかもしれない」とデータから勝利の方程式を読み解くことができます。

野球でも現在はデータ重視です。

「このシチュエーションだったら、このバッテリーは何を投げるのか」の詳細なデータが用意されています。100%データ通りにいくわけではありませんが、データから事前に配球を読むことで、ある程度次のボールを予測して「次のコースは苦手だからカットして逃げて次の球を狙おう」などと、ヒットの可能性を高めることができるわけです。

このデータの力を活かすというのがリスクマネジメントでは非常に重要な要素になります。

特にデータに頼るべきなのは、良い状況ではなくて悪い状況のとき。

「これはどうやっても負ける」という状況を作らないために、勝ちの可能性を残す一手をデータ分析から考察して実行する。

これが戦局判断力であり、データ分析力です。

つまりデータを生かすも殺すも、それを使う者次第ということです。

それはビジネスでも一緒。

たとえば、現在まで3週間プレゼンしているのに成果が出ない。

これは試合でいえば悪い状況。

このままでは〝負け〟に繋がる可能性が高い。

こうした場面で戦局判断力、データ分析力が必要になります。

データから現状の戦局を分析し、データに基づく最善の策を取ることで〝負け〟を〝勝ち〟に変える、つまり試合の流れを変えることができるのです。

A「今当たっている会社の規模感と、アナタが先方に提案している内容はどういうものですか?」

B「こういう規模感でこういう内容を提案しています」

A「その内容（商品）はそもそもこの業界に対しては刺さる確率が10％と低い確率です。しかもこの10％に関しては結構長い期間をお客様と築いてきた関係性の下での10％なので、今のアナタの状況でこの業界のこの規模のお客様にこの商品を提案するのは効率的じゃないと思いませんか？」

データから戦局を分析して判断すれば、このようなアドバイスを提言することができます。

A「後1週間で数字を出すためには、この業界にはこの商品を提案するほうが確率が高いですよ。この方向でアポを取ってみたらどうですか」

データに基づいた行動に変えるだけで勝率がアップします。

これがデータ分析による戦局判断。

B「いや、僕はどうしても今の方向でやり切ります。これまでもそうやってきたからです」

もちろんデータを超える強みとか熱意で、とんでもない奇跡が起きるかもしれませんが、そのようなプレゼンによる勝率は、データに基づくプレゼンと比べて低いと言わざるを得ません。

何より説得力を持つのはデータです。

今までデータに頼らずに行動してきた人たちの行動を変えるのもデータです。

1から100までデータ主義がいいわけではありませんが、スポーツの世界でも取り入れられているデータに基づく戦い方をビジネスでも取り入れることで、より多くの成果を上げることができるようになるのです。

こうしたデータ分析による戦局判断と常に向き合っているのがアスリート。

実はアスリートは体を動かすだけでなく、頭も動かしてデータ分析、戦局判断といった能力にも長けているのです。

CHAPTER 03

アスリートの
セカンドキャリアの現状

自分の持つ高い能力や可能性に蓋をしている現実

この章では〝アスリートのセカンドキャリアの現状〟についてご紹介したいと思います。競技活動を引退したアスリートたちが引退後のキャリアとしてどのような道を歩んでいるのか。そこには現状の日本社会が抱える様々な問題が潜んでいます。

実は私自身が実際にアスリートの引退後のキャリアを支援した経験があります。

それは四国にある野球の独立リーグ『四国アイランドリーグ』に所属しているチーム『徳島インディゴソックス』の選手たちのセカンドキャリア支援です。

四国にはそれぞれの県に1チームずつ、独立リーグに所属するチームがあり、『四国アイランドリーグ』は全4チームで構成されています。その中でも私がセカンドキャリア支援を担当した徳島インディゴソックスは、いわゆるセリーグ、パリーグと呼ばれる『NPB(日本プロ野球機構)』に一番多く選手を輩出している実力チームです。

ここで〝独立リーグ〟について少しご説明しておくと、おそらく皆さんのイメージでは「所属選手たちはプロ野球入り目指して切磋琢磨しているプロ予備軍のセミプロ選手たちの集まり」と思われているのではないでしょうか。

ところが実はそういったプロ志向の選手たちメインのチームはほんの一部のチームのみで、ほとんどの独立リーグのチームは、地域振興などの地域のエンタメのために存在しているチームが多いのです。年齢もバラバラだし、中にはプロ野球を引退した有名選手をメンバーに呼んで盛り上げたり、要するに必ずしも全員がプロでプレイするのを目指しているわけではないのです。

そんな中にあって、私が関わらせていただいた徳島インディゴソックスは、独立リーグチームの中で過去11年間連続でプロ野球選手を輩出している実力派チーム。プロ入りを目指す選手たちが真剣に野球と向い合い、日々厳しい練習で自らを鍛え上げています。

セカンドキャリア支援をさせていただくうえで、私はまず球団社長に話を聞かせていただきました。

私の質問に対して球団社長はきっぱりと「選手を採るときにはプロ野球に行かせることを目的としている」と断言しました。

そのために他のチームは30歳前後の選手も採るところ、徳島インディゴソックスが採るのは24歳未満のみ。契約は10カ月契約で給料は月10万円。月額10万円の給料しか払わないうえに、バット、グローブ、ボールは自前。とにかくハングリー精神で是が非でもプロ入り目指して頑張る若い選手しか所属させない。そうした厳しい環境が結果を出し、11年連続でプロ野球選手を輩出する実績となっているのです。

しかしそれでもプロへの道は険しく、プロ入りの夢破れて引退する選手が毎年出ます。

そうした選手たちのサポートを独立リーグ自体でも行っています。「独立リーガーを人材として採用してください」と大手企業にアナウンスして、年に1回採用イベントを開催。

こうした引退後の採用支援活動に応えて、企業サイドからも採用希望が次々に舞い込みます。日本を代表するような名だたる大手企業が「ぜひうちに来て欲しい」と声をかけてくるのです。

当初この話を聞いた私の第一印象はこうでした。

「そうした素晴らしいマッチング活動が行われているなら私が介在する余地はないな」

ところが実情はまったく違ったのです。

「それだけの大手企業から採用の声がかかるなら、選手みんながそこに行けばいいじゃないですか」

おそらく私に限らず誰もがそう思うはずです。

しかし球団社長から返ってきた答えは意外な現実でした。

「誰もが知ってるような有名な会社でも、選手たちはそれまで社会と分断されているので、その会社の価値がわからない。いきなりやって来た人事担当者に〝ぜひうちに来てくれ〟と言われても、その人がどういう人なのかわからないし、〝急にやって来て、うちに来てくれと言われても怖い〟という思いが先に立ってしまう」

要はそれまで野球一筋で来たため、社会に対するリテラシーを教育されていないのです。その結果、「僕なんかそんなところで通用するわけがない」と弱腰になってしまう。せっかく声をかけてくれる大企業があるというのに、選手自身が怖気づいて断ってしまうのです。

では引退後の独立リーガーたちはどうなるのか。

毎月毎月「頑張ってるな」と声をかけてくれて焼肉を食べさせてくれた地元の不動産会社の社長に恩を感じて、「私はあの社長に恩返ししたい」と地元の不動産会社に就職してしまう。あるいは顔見知りの地元企業に入ってしまう。

確かに選手の心理を考えると、そうなってしまうのはわかります。しかし選手自身が持っているポテンシャルや培ってきた能力を考えると実にもったいない。選手たちが日々自分の強み弱みに向き合い続け、ＰＤＣＡを回して身につけてきたゲームマネジメント、チームマネジメント、セルフマネジメント、リスクマネジメントなどの素晴らしいスキルを活かす道かというと、私には決してそうは思えません。

もちろん地元企業に就職して地元に貢献するのが悪いと言っているわけではありません。それも素晴らしい道ではあると思います。とはいえ「君にはこういう能力があって、それがビジネスでも活かすことができて、こういう仕事が合っているよ」という彼らが秘めているビジネススキル、ビジネスで成功する可能性に目を向けずに、選手時代の恩義から地元の企業に身を委ねてしまうのは、何とももったいないのではないでしょうか。

「野球しかやってこなかったから仕事に自信がないので、お世話になった先輩がいる会社に入ります。そのルートが伝統的にあるので、僕もそのルートに乗っかって、後輩のために道を繋ぎます」

代々受け継がれているルートでセカンドキャリアの道を歩む選手もいます。確かにそれもいいでしょう。

しかし果たして、「自分の人生はそれでいいのか」と問いかけたくなります。「自分が持っている高い能力や可能性に蓋をしてしまうことになる」ということに気づいて欲しいのです。

独立リーガーたちの中には、プロを諦めて新たな人生を歩むはずなのに、「自分のアイデンティティは野球しかない」と、野球チームを持っている会社を選んで入る選手もいます。先輩がいるとか、野球チームがあるからとか、飯を食わせてもらって恩があるからとか、私からすれば非常に残念なセカンドキャリアに進む独立リーガーが多いのが現状です。

こうした引退後のセカンドキャリアは、とても彼らが培ってきた能力を活かす道だとは思えません。しかしながら、これが実情なのです。

高校や大学を卒業して即プロから声がかかる選手はほんの一握りです。その時点でプロから声がかからなかったものの決して諦めず、2年間独立リーグで活躍して、プロのスカウトの目にかなうような努力を続けている。そういう選手たちが独立リーガーであり、徳島インディゴソックスの選手たち。

一生懸命上手くなろうと汗水垂らして頑張って、毎日毎日泥んこになりながら厳しい練習を続け、「プロに入る」という夢のためにブラッシュアップを続けた2年間。

この2年間にどれほど大きな価値があるでしょうか。

企業の人事担当がこの話を聞けばこう思うはずです。

「確かにそういう選手を社会人としてビジネスの現場で鍛え直したら、ハングリーだし、吸収もいいだろうし、伸び代だってもの凄くあるよね」

実際に企業サイドからそういう声を聞いています。

でも肝心の選手自身に自信がない。

仕事経験がないコンプレックスを抱えていたり、「自分には無理」と思ってしまうために、自分の持つポテンシャルや能力を活かす道に進んでいない。

これが私が感じている悲しい現状です。

人手不足といわれている世の中で、もっともっと彼らアスリートの秘めるポテンシャルにフォーカスを当てて欲しい。

そして選手たち自身にも自信を持って自分の能力を活かせる道を選んで欲しい。

それがこれからのセカンドキャリア選択には必要なのだと思います。

野球人生からのセカンドキャリア

私がセカンドキャリア支援をした徳島インディゴソックスの選手は全部で5名。

実際に支援するにあたって、まず最初にそれぞれの今後の進路希望を聞いたところ、3人の選手は「徳島に残りたい」「地元に帰りたい」というもので、「大手企業で自分の力を試したい」とか「新たな道にチャレンジしたい」という積極的な希望よりも保守的な選択肢を希望していました。

やはり球団社長から話を聞いていたように、自分が野球一筋で生きてきた環境とはあまりにもかけ離れているため、たとえ大手企業から採用の声がかかったとしても現実味がないのでしょう。

しかしその中で2人の選手は「東京に行けるチャンスがあれば行ってみたい」と希望し、そのうちの1人は「自分が成長できる環境であれば、選択肢は狭めていません」と、セカンドキャリアについて非常に前向きな希望を持っていました。

その選手がKくんという愛知県出身の左腕投手です。

左腕から149キロの速球を投げるKくんは、プロ入りが期待された逸材だったものの、残念ながらプロのスカウトにかからず、2年間の独立リーガー生活を最後に野球人生に別れを告げることになったのです。

普通ならば、あと一歩というところでプロ入りを逃したショックで落ち込み、その後の人生にネガティブになりがちです。しかしKくんは引退後のキャリアに対して「自分が成長したい」というポジティブなチャレンジ精神を持っていました。

そんなKくんに、私は自分の専門分野であるコンサル業界の魅力について語りました。

「コンサル業界って、正直どう思ってる？」

そう聞いてみるとKくんはきょとんとした顔で言いました。

「全然意味わからないです。何ですか、コンサルって？」

Kくんの反応は当然です。今まで野球一筋にプロを目指して練習に打ち込んでいた彼に〝コンサル〟と言ったところで、「コン…サル…って何ですか⁉」と意味がわからなくて当たり前。

そこで私は彼に〝コンサル〟について詳しく説明しました。

「〝コンサル〟っていうのは、たとえばKくんが思い浮かべるような大企業があるよね、そうした企業は日本だけでなくて海外でも競争社会で勝たないといけないし、当然日本国内でもライバル会社にも勝っていかないといけない。そうしたときに、今ならAIとかChatGPTとかの生成AIなどの最新技術を用いてDX（デジタルトランスフォーメーション）・IT化していくとなったときに、企業の上の人たちは〝何のこっちゃ〟って話になるよね。そこで必要とされるのが専門家たち。この専門家集団のことが〝コンサル〟」

そう話すとKくんは何となく内容がわかったようで、さらに私の話を聞いてくれました。

事前のヒアリングでKくんは現在の心境についてこう語っていました。

「自分がチャレンジする環境を与えてくれた親や兄弟に感謝している。だからこれからは恩返しできる自分になりたい」

それについて私はKくんに質問しました。

「その〝恩返し〟って具体的にいうと、どういうことだと思う？」

「いや、まだ漠然としてます。具体的にはわかりません」

そう答えるKくんに私は、〝コンサル業界の魅力〟について説明しました。

「じゃあそこで僕がKくんに具体的に提供できるのは何かというと、Kくん自身の市場価値を高めて、その結果年収を上げて親への仕送りを増やすとか、〝うちに来てくれ〟と引っ張られる人材になるとか、Kくんがビジネスの能力をアップさせることで自分で新たな事業を生み出す力を持つこと。その先には独立する道があるかもしれないし、年収1千万なのかもしれない。もしコンサル会社で3年間鍛え上げれば、そうしたどんな選択肢も取れる人間になれるよ。その代わりめちゃめちゃ厳しいけどね」

コンサル業界についてありのままを伝えると、Kくんは素直に耳を傾け、少し興味を示したように見えました。

後ほど詳しくご紹介しますが、実際に私の知り合いには、プロ野球の巨人軍を辞めて、その後『アクセンチュア』という世界120以上の国の企業を顧客として持つ世界トップのコンサル会社に就職して、3年後に独立。現在は日本の〝甲子園〟というパッケージを海外に輸出する事業を展開している方がいます。

その事業のスポンサーには日本の代表的な大企業が付いて、彼の事業をサポートしているのです。

「3年後にそういうこともできる人材になれる可能性だってある。そんな環境があったら、勝負したいと思わない?」

実例を交えてコンサル業界の可能性と魅力について説明すると、Kくんはきっぱり意思表示しました。

「そんな成長性のある仕事なら、私チャレンジしたいです!」

彼から返ってきたのは前向きな言葉。私の話をポジティブに受け止めてくれたのです。

その後Kくんは、当時私が懇意にしていた外資(アジア)系のコンサル会社にエントリーしました。

一方、このコンサル会社は常に人材不足の問題を抱えていました。従業員200人ほどの中堅コンサル会社ですが、もっと優秀な人材が欲しいと採用フィーに5千万円かけて、結果的に採用できたのは2人だけ。しかもこの2人とも採用後半年で辞めてしまうという最悪な結果。私から言わせれば「1人当たり、2千万も3千万もかけて何してるんですか」という話です。

中堅コンサル会社は優秀な人材を採用したいと思っても、結局は大手企業に取られてしまって残らない。だから常に人材不足に悩んでいるのです。

「それならば私が、引退するスポーツ選手で優秀でチャレンジ精神があって仕事に前向きな人材を連れてきますから、その彼を採用したほうがいいじゃないですか」

こうしてKくんとコンサル企業、双方のメリットが合致。Kくんは〝第二新卒枠〟で入社することになりました。その企業にとってKくんは初めてのスポーツ選手採用となったのです。こうしてKくんのコンサルタントとしてのセカンドキャリアが始まりました。

コンサル会社でPMOとして成功した独立リーガー

Kくんがコンサル会社に就職してから2年ほど経った頃、再びKくんと会う機会がありました。そこで私はKくんにコンサルタントとしての仕事について聞いてみました。

「Kくん、コンサル会社に入ってどう？」

ストレートにそう切り出すとKくんは目を輝かせて答えました。

「めちゃくちゃ楽しいです！」

Kくんはセカンドキャリアを順調に歩んでいました。

「何が楽しい？」

「今は企業の保険の仕事で、僕はその仕事のプロジェクトマネジメントするPMの補佐をやってます。いろいろな保険の形態がありますけど、企業保険のことは僕に任せてください。企業保険に関してはどんなことでもアドバイスできます」

2年の経験を経たKくんの顔はコンサルタントとして自信に満ち溢れていました。

「そのまま企業保険の領域で独立できるね」

「十分できます。実際にお客さんからは〝今は会社を通じて君に担当してもらっているけど、ぜひ独立して君が直接担当してよ〟と言われてます」

3年どころか2年ほどで、Kくんは独立できるほどコンサルタントとしての能力を身につけていました。

さらに衝撃的だったのが、給料も2年間で入社時の2倍になったといいます。

企業保険というニッチな領域かもしれません。しかしその領域では専門家となって、実際にお客さんからバイネームで「直接担当して欲しい」と言われるまでに成長していました。しかもわずか2年です。

Kくんが入社したコンサル会社も、最初は正直半信半疑でそれほど期待していなかったのだと思います。私とのつき合いもあって採用したのかもしれません。

でもその結果、これほど優秀な人材を採ることができた。5千万円かけて2人採用して、しかも2人とも半年で辞めてしまうより、はるかに効率が良くてコストも非常に低い。そのうえ顧客からは喜ばれる。Kくんを採用したことの価値は計り知れません。Kくん自身にとっても、野球一筋だった自分の人生を変えるきっかけになりました。

しかし残念ながら、Kくんのような選択肢を持っていないアスリートがほとんど。自分の可能性を潰して、保守的な道を選択してしまうのが現状です。アスリート心理を考えると仕方がないこととはいえ、その部分を根っこから変えていかないといけないのではないでしょうか。

Kくんのような優秀な人材をセカンドキャリアでも花開かせること。

それはアスリート自身にとっても、日本の社会にとっても、非常に有益なことだと思います。

アスリートの資質が求められるPMO

Kくんが担当している企業保険のコンサルティングの内容はというと、企業保険を取りまとめている保険組合の業務の効率化を彼がコンサルタントとして支援しています。

具体的には、保険組合がどういう保険の商品を持っているといいのか、健康診断の受診率を高めてもらうにはどういう施策やどういうアプローチを企業にすればいいのか、そういった企業保険に関する保険組合の課題を聞いて、「じゃあこういう風にやっていきましょう」と提案するのがKくんの仕事です。

顧客の課題に合わせて、成し遂げたいゴールに到達するためにはどうすればいいのかを提示する。たとえば「業務を効率化したい」という課題であれば、「こういうITシステムを入れましょう」と提案する。まずは現状の課題を整理し、解決策をアドバイスする。それがPMO、コンサルの仕事。いわば「顧客の課題を整理するプロジェクト」ともいえます。

「そんなことで仕事として成立してお金が発生するのか？」

そう思われる方もいるかもしれません。

しかし立派に仕事として成立します。業務整理だけで仕事になっているのです。

実は顧客サイドは〝何が課題なのか〟それ自体がわかっていないことも多いのです。

「まずは一回整理しましょう。現状はどうですか?どうしたいですか?」

「そこは担当者に聞かないとわからない」

そういう状況であれば、担当者にヒアリングして現状を整理して報告する。現状の問題を整理して、課題解決に向けたサポートをするのがコンサルタントの仕事。

「この問題を解決して欲しい」という明確な課題があり、そのための予算と期間が決まっているのものがプロジェクト。そこで問題解決の方法の一つに〝IT化〟があれば、それは「ITプロジェクト」になります。

プロジェクトマネジメントはコンサルタントとして問題解決の仲介役として間に入り、直接のシステム構築はプロであるシステムエンジニアが行います。

だからITの専門家のシステムエンジニアのような詳しい知識がなくてもできるのがプロジェクトマネジメント。

プロジェクトマネジメントは、チームをまとめるチームマネジメント、課題解決のためのゲームマネジメントやリスクマネジメント、ＰＤＣＡを回して解決して、さらに新たな問題に対処するというアスリートが備えている資質が必要とされるのです。

セカンドキャリアで成功するアスリート、成功できないアスリート

なぜＫくんは野球の道からコンサルタントの道へと進み、ＰＭＯとして成功したのでしょうか。

その一つには「新しいジャンルにチャレンジしよう」というＫくんの持つ積極的なチャレンジ精神が挙げられます。他の選手たちのように決して守りの姿勢ではない攻めの姿勢が、今まで自分が歩んできた世界とはまったく異なる世界で成功するためには必須だからです。

私から見たＫくんの良い面を挙げると、何よりも〝希望に溢れている〟という点があります。見た目の雰囲気、表情からハツラツとしていて、その目はまるでマンガに出てくる主人公のように〝キラキラ〟と輝いていて、常に明るく前向きなのです。

そして口癖のようにKくんの口から出てくるのが「感謝」という言葉。

「僕をこんなにチャレンジさせてくれた両親、兄弟に感謝していますし、徳島インディゴソックスの監督さんにも本当に感謝しています」

そんなKくんを見て、私が最初に抱いた感想はこうです。

「彼だったら採っただけで会社は儲けものだ」

そう確信しました。

「実際に彼がセカンドキャリアで成功するかしないかはわからないけれど、こういう人材を採用できただけでコンサル会社としては価値がある。会社側もそうジャッジするはずだ」

いくらアスリートにマネジメント能力があり、ビジネスの世界でも十分に活かせる素養を持っているとはいえ、アスリートとしての目標が叶わず「ダメだったから別の道に行こう」と仕方なくセカンドキャリアを選択するようでは、とてもビジネスの世界で成功するとは思えません。

そうした消極的な理由ではなく、積極的な理由で「よし、違う世界でチャレンジしてやろう」というポジティブな選択をするアスリートでなければ、厳しいビジネスの世界で成功を収めることなどできませんし、企業側も採用するメリットがありません。

ところが現状はどうかというと、「自分はスポーツの道で挫折してしまった。ダメな人間なんだ…」というアスリートが多いのが実情です。それではセカンドキャリアで成功できるはずがありません。

ＰＭＯとして成果を挙げているＫくんは、プロ野球の道を断念したからといって「自分はダメだ」と挫折感を持たず、「新たな世界で自分を成長させたい」という前向きなチャレンジ精神があったからこそ成功することができたのです。

企業側が採用すべきアスリート

（徳島インディゴソックスの）セカンドキャリア支援を行う際、彼らの選択肢を広げるために行ったサポート活動の一つに、上場企業の社長の話を聞くというものがあります。

私がセッティングしたのは、会社を立ち上げて一代で東証プライム上場まで上り詰めた、叩き上げ中の叩き上げの不動産会社Ｈ社の社長のＡさん。

A社長とは以前からのツテがあったことや、私同様にA社長も高校球児だったこともあり、独立リーガーのセカンドキャリア支援に快く協力してくれることになりました。

私が支援を担当したKくんを含めた5名の選手とA社長の顔合わせの場を設けたとき、プライム上場の東京の大手企業の社長に対して、5名の選手はどんな質問をしたと思われるでしょうか。

そのうちの一人、彼は甲子園にも出場し、甲子園優勝経験のある強豪校のキャプテンとしてチームをまとめて引っ張った人物。経歴からすれば、誰もが採用したいと考える人材です。

その彼がA社長に真っ先に切り出した質問がこれです。

「御社は社員に対してどういう福利厚生がありますか?」

確かに福利厚生も大事でしょう。でも完全に守りの質問です。

一番最初に聞くことではないし、その質問をしたことで相手が自分のことをどう思うかということも考えていない。要は自分のことしか考えていないのです。

これではたとえ甲子園出場チームのキャプテンだろうが不採用です。

その他の選手も似たり寄ったり。

「東京の大企業で自分が通用するビジョンが見えないんですけど、どうしたらいいですか?」

とにかくネガティブで保守的なことばかり。

現役時代なら絶対にそんなことはなかったはずです。

野球であれば、9回裏ツーアウトで3対1で負けている場面、バッターがツーストライクで追い込まれていても、「いけー！ここからここから！野球はツーアウトからだ」となったはず。

ところがプロの夢が叶わなかった挫折感からか、完全に守りに入ってしまう。

これでは企業サイドからすれば欲しい人材ではありません。

最初から守りに入っているようなネガティブな人材を採用するのは、企業にとってはマイナスでしかありません。

ではこのとき、Kくんは何と質問したのか。

「実際に僕が御社に入ったらどんな仕事をさせていただけますか?」

彼だけはポジティブで前向きでした。

積極的に自分がやるべきこと、できることをイメージしようとしていました。

Kくんには何よりも自信がありました。「自分の道は自分で決める」という確固たる信念を持っていました。

「地元に帰りたい」とか「面倒見てくれた恩を返したい」といった守りの姿勢ではなく、自分自身に芯がありました。

そして決して自分を低く見ていませんでした。「自分は成長できるはずだ」という確固たる自信を持ち、自分の価値をわかっていました。

アスリートも様々ですが、セカンドキャリアを考えるとき、ネガティブな守りの姿勢では成功しません。企業側も採用しないほうがいい。

Kくんのように自分の可能性を信じ、新たな道にチャレンジするという前向きでポジティブなアスリートが、セカンドキャリアでも成功し、そういうアスリートを企業側も採用すべきなのです。

〝アスリートのイメージ〟優先の安易なセカンドキャリア

プロの夢を諦めることになった選手はもとより、たとえプロで活躍した選手でも、アスリートのセカンドキャリアは成功しないケースが多いものです。

たとえばプロ野球選手が引退した後に選択するセカンドキャリアで多いのが飲食店経営。元プロ選手のラーメン店やうどん屋は世の中にごまんとあります。ネームバリューのある選手の店であれば、最初はお客さんも来るでしょう。でもそれは一瞬です。元人気プロ選手のラーメン屋がずっと流行っているかというと、たいていは上手くいきません。人気商売の延長でやる職業は、飲食店に限らず上手くいかないものです。欧米スポーツシーンからは、日本のスポーツ界を〝飲食店予備校〟と揶揄する声もあります。

本質的に彼らが持っていたチャレンジ精神や現役時代に培ったマネジメントスキルを活かした仕事を選ばなければ、セカンドキャリアで成功を収めることはなかなかできません。

アスリートの引退後のキャリアで運送関係の仕事を選ぶ選手も多くいます。ブルーワーカーというか体を使うガテン系は、アスリートの筋肉隆々の見た目からして採用されやすいのです。

しかしここに落とし穴があります。

ガタイがいいからガテン系の職業に就くことが決して悪いわけではありません。しかしその仕事に就いたとして5年後、10年後にどうなっているでしょうか。「キャリアプランはどう考えていますか？」と聞かれても明確な答えは出てこないでしょう。つまり、そのアスリートの人生で残せる可能性という面から見ると、狭いレンジしか残っていないのです。

アスリートのセカンドキャリアには、保険や不動産といった完全歩合制営業職も挙げられます。

これもイメージ優先のセカンドキャリアです。体力勝負でガンガン突破していくだろうというアスリートにありがちなイメージ。

「飛び込み200件行ってこい！」

「わかりました！」

そういうイメージで企業側も採用するし、アスリート側も「それならできる」と思うから選択する。でも成功するのはほんの一握り。

いくら体力はあろうと、そもそも営業の経験もないアスリートが営業職に就いたとしても成功する確率はかなり低いと言わざるを得ません。最初のうちこそやる気でいるものの、なかなか契約が取れずに、そのうち「俺は何してるんだ? 大丈夫なのか?」と悩むようになって自己肯定感がどんどん下がり、気がついたら辞めている。そうなってしまうアスリートがいかに多いことか。

「アスリートだからガテン系」
「アスリートだから営業」

そういう安易なセカンドキャリアを提示してしまうと、そのアスリート自身にとっても不利益だし、日本の社会全体にとっても損害なのです。

もっとアスリートの持つ力を活かしたほうが彼ら自身にとっても、日本の社会全体にとっても、何倍ものメリットがあります。

アスリート自身も採用する企業サイドも、アスリートへの先入観で見てはいけないのです。〝筋肉優先〟のセカンドキャリアは安易に飛びつくと失敗することになります。

所属チームのセカンドキャリアサポート事業の実態

アスリートのセカンドキャリアが上手くいかない事例が多い以上、所属しているチームが彼らに対して手厚くセカンドキャリアの選択肢を用意すべきではないか。

アスリートのセカンドキャリアが、ある意味社会問題となっている以上、そうした意見が出るのも当然でしょう。

私自身、この問題についてチーム側、そして選手自身にも現状を聞いたことがあります。

まず選手に引退を通告する側であるチームサイドはどう考えているのか聞いてみたところ、返ってきた答えはこのようなものでした。

「課題認識として引退選手のセカンドキャリアが大変問題だというのは十分わかっています。ただしその課題に取り組むだけの人員と労力が足りない。そして何より我々の義務ではないと思っている。あくまでチームとしては、現在契約している選手がメインで、今シーズンを勝つことが大目標なので、次のシーズンに残らない選手、引退してチームに貢献できない選手に対してのフォローの優先順位は低い」

要は課題認識はしていても優先順位が低いため、有効な取り組みができていないということ。

確かに〝セカンドキャリアサポート事業部〟はあるものの、せいぜいスポンサー企業に「こういう選手がいます」と紹介する程度で、実際には何も機能していないのと同じなのです。

同じことを選手サイドにも聞いてみました。

「セカンドキャリアサポートがあるなら、そこに頼んで自分の次の仕事を支援してもらえばいいじゃないですか」

これに対する選手の答えはこうでした。

「いや僕は切られた側の人間ですよ。切られておいて、今さら〝お願いします〟とは言えない。僕も一応現役時代の人脈があるからそっちで探しますよ」

これがサポートするチーム側と、引退する選手側双方の現状です。

この現状からもアスリートのセカンドキャリアが上手くいかない原因が見えてくると思います。

今後増加する傾向にある〝スポーツ選手採用枠〟

アスリートのセカンドキャリアが上手くいかない実情に関しては、採用する側の企業サイドの構造的課題もあります。

企業が採用する条件の一つに〝学歴〟があります。トップは国公立大卒業生、中でも東大、京大といった優秀な学歴の人材を採用したい意向があります。

なぜなら、こうした大学卒の学歴の出身者が入社後に活躍しているデータがあるから。そうしたデータに基づき、人事採用を行っているのです。

国公立卒が採れなければ、次は関西の関関同立。関西大学、関西学院、同志社、立命館。関東なら早慶、MARCH（明治、青学、立教、中央、法政）、学習院、上智。多くの企業が、これらの大学卒を採用する基準がまず人事戦略として決まっています。

企業戦略でそう決まっている以上、人事担当もその基準に沿って採用者を決めることになります。それが人事部としての評価となり、その評価によって担当者の給料やボーナスも決まるのですから、会社の方針通りに採用するというのが当然です。

そこで私が「アスリートはポテンシャルがあって、彼らを採ったほうが企業にとって価値があるんじゃないですか」といくら啓蒙したところで、人事の方針が変わることはありません。

社長をはじめとする経営陣は私の言葉に相槌を打って、「確かにそういう突破力のある、吸収力の塊みたいな人材がうちに来てくれたらありがたい。仕事を与えられたらすぐに〝やります〟と言って、あいつもう出かけていっちゃったよっていうぐらいの人材が欲しいんだよ」と賛同したとしても、多くの企業において人事担当のところで話はストップしてしまいます。

それはなぜなのでしょうか?

「アスリートを採用することで私の査定に反映するんですか？ボーナスは上がりますか？」

ストレートにそんな風に言ってくることはあまりありませんが、心の中では人事担当はそう思っているのでしょう。だからトップは理解していても、実際には話が進まないことが多いのです。会社の5年後、10年後の未来にとって、そういう人材を採ることが大事だということはわかっていても、毎年、年に一回または二回程度の査定がある社員という立場上、目先のことを考えれば、やる理由がない。それが現実です。

そんなアスリートにとって厳しい現状を何としても打破したい。アスリートの持つポテンシャルをビジネスの世界でも活かすことで、アスリート自身にも、採用した企業サイドにもメリットがあることをお互いに知って欲しい。

では採用する企業側にとって、アスリートを採るメリットとは何なのでしょうか。

一つには〝ブランディング〟として、スポーツ出身者を採るということの価値が挙げられます。

これがなぜ企業にとってメリットがあり、どんな価値があるのでしょう。

対外的な面で見ると、スポーツを通して感動した経験を持ち、人々に感動を与えた実績を持つアスリートを採用することで、様々なブランディングが可能です。

たとえば次のようなブランディングができます。

「スポーツの感動を一瞬で終わらせるのではなく、彼らの人生を応援しています」

そういうイメージが構築されます。

その結果、「一人一人の人生背景まで汲んでくれる、自分の人生を預けていい会社だな」

というブランディングが出来上り、人材採用にあたって優秀な人材が集まりやすくなるでしょう。企業に求められる文化として注目されている〝ウェルビーイング（Ｗｅｌｌ-ｂｅｉｎｇ）〟な、個人個人の自己実現にちゃんと寄り添ってくれるホワイトな会社だという評価にも繋がります。

そして社内向き（インナーブランディング）にも好影響があります。

「仕事経験のないアスリートという今までと違う人材を採用して、しっかりと教育しようとしているんだな」

アスリートを採用することで、社員に対してこうしたメッセージ効果があります。

しかしこれも点で終わってしまえば社員に響きませんが、毎年続けてそうした人材を採用してコストを払ってでも会社としてきちんと教育していけば、〝人材を大切にする〟というメッセージが社員にも伝わるのです。その結果、企業文化自体が変わり、会社が目指すべき企業文化が培われていくことになります。

アスリートを採用することのメリットは、このように対外的なブランディングはもちろん、社内的なブランディングにも繋がります。

実際にそうした動きはすでに始まっています。今までの〝学歴採用枠〟とは別に〝スポーツ選手枠〟を作ろうという企業も現れてきました。

特に中堅企業は、どうしても大手企業に優秀な人材を採られてしまいがちなため、恒常的な人材不足に常に直面しています。そこでコストをかけて人材採用対策をやってみたものの、結局無駄になってしまった企業が多いのです。

そうした人材不足問題を解決する有効な施策が「アスリート採用」。

問題の本質を考えれば、今後アスリート採用に耳を傾ける企業が増え、〝スポーツ選手採用枠〟が徐々に増えていく可能性は十分にあるのです。

アスリートが秘める〝半径3ｍの対人関係構築能力〟

これからますます急速に普及するＡＩ時代に必要なビジネススキルとは何でしょうか？

私自身はその能力について「半径3ｍの対人関係構築能力」だと考えています。

以前から「2045年に人間の全知能がＡＩ（人工知能）に超えられてしまう」という〝シ

ンギュラリティ〟が起きると言われてきましたが、当時はまだＣｈａｔＧＰＴなどの生成ＡＩが存在していなかった頃の話。今や生成ＡＩの出現によって、ＡＩが人知を超える時期はさらに早まっているでしょう。現実的に今まで人が行っていた仕事をどんどんＡＩに取って変わられています。今後さらに加速的にＡＩが人間の領域を侵食するような時代になっていくはずです。まさにそうしたＡＩ優位な時代が間近に迫ってきています。

そうした時代にあって、これからどういう人材が必要なのかを考えてみましょう。

今までのように、過去のデータを引っ張り出してきて「こんなこともできます」「こうしたらいいんじゃないですか」などと、データを右から左に流すだけの〝検索エンジン〟のような人材では生き残れないでしょう。その程度のデータ分析やアドバイスは、すでにＣｈａｔＧＰＴが行ってくれるのです。たったの月額20ドル（約３０００円）でやってくれるのですから、わざわざ高いコストをかけて人間に頼む必要はありません。

そこで必要とされるのが、生成ＡＩを使いこなせるスキルを持った人材です。

課題を解決するための有効な回答を得るためには、そもそもどういう質問を生成ＡＩに投げかけるのがいいのか、出されたアドバイスを取捨選択して、より有効な施策を選択するにはどうしたらいいのか、ベストな選択をする必要があります。

生成ＡＩはそこまではやってくれません。投げかけられた質問に対してアイデアを提示するだけ。所詮あくまでもツールに過ぎません。そのツールを使いこなすのは人間です。ツールからアウトプットされたものを分析して、「今我々が置かれている環境で、こういう人材がいて、自社の強み弱みはこうで、かつライバル企業に勝つためにはベストの選択肢は何なのか」という状況に合わせた判断を下すのは人間なのです。

つまりツールを使いこなせる人材になればいい。

そして単に使いこなせればいいかというと、そこでさらに必要となる能力が要求されます。

それが「半径３ｍの対人関係構築能力」。

生成ＡＩなどのツールからアウトプットされた情報を取捨選択することはできても、その情報を人に伝えるには別の能力が必要となります。その情報を誰にどうやって伝え、どうやってプロジェクトを進めていけばいいのか戦略を立てたうえで、適切な相手を選んでプレゼンテーションして検討、協議して実際にプロジェクトとして進行していく。

ここまでのプロセスを行うことは、当然ＡＩにはできません。

結局ＡＩがどれほど優秀で、どれだけ有益なアイデアを出してくれたとしても、最終的に進めていくのは人間なのです。人間が人間に説明して判断を促し、人間が意思決定しなければプロジェクトは進みません。

その役割を担うのが我々コンサルであり、ＰＭＯです。

要はどんなにＡＩ時代になったとしても、プロジェクトの間を仲介するのは人間だということ。

人間と人間の間を繋いでスムーズにプロジェクトを進める能力が必要とされるということ。

その能力こそが「半径３ｍの対人関係構築能力」です。

プロジェクトを進行するにあたって様々な交渉をして、調整をしていくことができる対人関係構築能力を持っているかどうか。

その能力を持つ人がこれからは価値がある人材になります。

逆にいうと、その半径３ｍの仲介役を託される人材にならないといけないということ。

この「半径３ｍの対人関係構築能力」がアスリートには備わっています。

それが日頃のトレーニングを通じて培われてきた意思伝達能力の高さ。そして、挑戦する意欲や前向きな姿勢。

人間関係構築ではハツラツとした元気さやバカになれる明るさもプラスになります。そもそもアスリートは、ＡＩ時代に必要とされる人材の要素があるのです。

ただし足りないものがあります。それがデジタルスキル。

ＡＩ時代に必要とされる人材になるには、アスリート自身がデジタルトランスフォーメーションしなければいけません。わかりやすくいえば、ＣｈａｔＧＰＴなどのＡＩツールを使えるようにならなければいけないということ。

しかし現状はどうか。ＡＩを使いこなすデジタルスキルの話をしたとしても、多くのアスリートは「自分とは違う世界の話」だと思うでしょう。

「ＣｈａｔＧＰＴ?自分とは関係ないですね。僕はホームランの打ち方だけを考えてます。ＡＩなんて頭のいいエンジニアさんとかがやってる世界の話ですよね」

そんな風に自分とは関係ないというアスリートがほとんどでしょう。

でも違います。アスリートこそ、ＡＩ時代にマッチした人材なのです。

デジタルスキルを身につけさえすれば、アスリートはＡＩ時代に最適なビジネススキルを持った人材になれます。彼らを必要とする企業は山ほど出てくるでしょう。

すでにお話ししたようにＡＩ時代に生き残る人材に要求されるのが「半径３ｍの対人関係構築能力」。ＡＩはデータを提示することはできても、人間関係の構築まではできません。結局〝人間対人間〟の対人関係がＡＩ時代でも重要なのです。

現代はＳＮＳなどの発達によって、対人関係構築能力が限りなく乏しくなっています。特に若い世代では直接人と会う機会が減っているため、対人関係構築能力が低い人が多いのが実情です。しかしアスリートは潜在的に、そうした対人関係構築能力が高いのです。デジタル化したアスリートこそ、ＡＩ時代にとって最高の人材なのです。

ＡＩ時代に最も求められる人物像

藤井聡太王将といえば、タイトル戦八冠に輝き、全冠独占の偉業を達成した将棋界のトップに君臨する大スターです。

まさに将棋界で一番強いプロ棋士ですが、そんな藤井八冠（現七冠）といえども、富岳などのスーパーコンピュータには敵いません。あらゆるデータを一瞬で分析して最善の一手を常に繰り出すスーパーコンピュータには、人類最強の棋士である藤井聡太でさえ勝てないのです。

強さでいえば藤井八冠を上回るスーパーコンピュータですが、では富岳ファンがいるかというと、「富岳の大ファンです」なんていう一般のファンはおそらく誰もいないでしょう。

それはなぜでしょうか？

単なる将棋の強さではなくて、生身の人間、しかもまだ20歳そこそこの人間が、次々に名だたるプロ棋士を破り、史上最速のスピードでタイトルを総なめにする姿に感動し、ファンになるのです。

そのうえ「藤井聡太ってどんな人？」と興味が湧いて見ていると、「何だかボーっとしてるように見えて、とても強いようには見えない」と将棋の強さとの見た目のギャップ。そういうところにもファンがついているのだと思います。

つまり将棋ファン、藤井聡太ファンは〝彼〟に感動しているのです。彼が持っているヒューマン的な魅力は、たとえスーパーコンピュータのほうが強くても決してＡＩには出せない魅力なのです。

この藤井聡太八冠が持つ〝ファンを作る力〟と、アスリートが持つ力はイコールです。すなわち〝人を感動させる〟力ということ。

アスリートも少なからず見ている人を感動させた経験を持っています。野球であれ、サッカーであれ、陸上競技であれ、格闘技であれ、競技している姿を通して観客を沸かせた経験があるのです。それが東京ドーム5万人の前で試合したことがある選手だとしたら、一体どれだけの感動を与え、観客を感動させる経験をしたことでしょう。

こうした感動経験は、ビジネスの場でも非常に価値があります。

どんなビジネスでも、結局人はロジックだけでは動かないものです。相手に心打たれて、心で感動し、感動するから行動が変わる。それはプレゼンかもしれない、食事の場かもしれない、あるいは日頃のつき合いかもしれない。

いずれにしろこうした人の心を打つ、人の心を動かす力を持っているのはAIではなくて、生身の人間です。

こうした〝感動させられる力〟をアスリートは経験上持っているのです。

心を動かせる〝感動させられる力〟を持った人材が自分のプロジェクトに中にいて、ゴールに向かって誰よりも熱意を持って前向きに取り組み、プロジェクトに携わるスタッフに対して働きかけてくれたとすれば、そのプロジェクトのオーナーである役員や部長はどれだけ助かることでしょうか。

「そういう人材に、ぜひうちのプロジェクトにもいて欲しい」

そう思うはずです。

自分の関わっているプロジェクトの中に、あのラグビーワールドカップで南アフリカを倒した日本代表チームの選手がいるようなもの。

彼らのような勤勉でタフネスで、目的達成のために周囲を巻き込み、求心力、推進力を持った人材がプロジェクトにいるという価値がどれほどのものか。想像すればわかるでしょう。

シチュエーションを見極めて突破する能力を秘め、チームを動かせる力、感動させられる力、そういう能力を備えた人材。

そういう人材こそ、ＡＩ時代に最も求められる人物像の一つなのだと思います。

CHAPTER 04

ビジネスアスリートへのチャレンジ

ビジネスアスリート≒アスリート×IT or コンサル

「ビジネスアスリート」という言葉があります。これは見た通り「ビジネス」＋「アスリート」、この2つを掛け合わせた造語です。

ビジネス関連のサイトなどでは見かけるワードですが、一般的な言葉の意味としては「アスリートのように常にベストパフォーマンスを発揮するための体づくりを徹底管理するビジネスパーソン」のことを「ビジネスアスリート」と呼ぶようです。

私自身もこの「ビジネスアスリート」というワードを使っていますが、私の中での言葉の定義は少し違います。私が用いる「ビジネスアスリート」の定義はこうです。

「ビジネス界で活躍するスキルやノウハウを兼ね備えたアスリート」

つまり私の定義する「ビジネスアスリート」とは、「アスリートがビジネスする」という意味と「ビジネスにおいてもアスリート並みに活躍する」という両方の意味を込めています。

もっとわかりやすく表現すれば、「元アスリートが引退後のキャリアのビジネス界でもアスリート並みにバリバリ活躍し、ビジネスでもベストパフォーマンスを発揮する人材」。そうした人材のことを「ビジネスアスリート」と考えています。

アスリートに対して常々私が抱いている思いは、アスリート時代のピークを人生のピークにして欲しくないということ。

スポーツの世界でのパフォーマンスや評価や年収を、セカンドキャリアのビジネスの世界で超えて欲しい。人生のピークはアスリート時代ではなく、もっと先のセカンドキャリアでピークを迎えて欲しいと考えています。そしてアスリートには、それだけの能力があると信じています。

アスリートが人生のピークをセカンドキャリアで迎えるために必要なスキルやノウハウが何かといえば、これまでにもご説明してきたように、IT、もしくはコンサルとしてのマネジメントスキルだと思います。つまりこう表現できます。

「ビジネスアスリート≒アスリート×IT or コンサル」(ビジネスアスリート・ニアリーイコール・アスリート×ITもしくはコンサル)

これがセカンドキャリアでビジネス界でも活躍できる「ビジネスアスリート」のイメージ。

ＩＴの知識をある程度身につけ、コンサルタントとしてプロジェクトを成功に導く支援をするアスリート。それが「ビジネスアスリート」。

アスリート時代に自分の限界までチャレンジしてアスリートとしてのピークを迎えたように、ビジネス界でも自分自身の限界にチャレンジしてピークを出せるような人材。そうした人材になるために必要なマネジメントスキルをアスリートは日々のトレーニングの中で培ってきているのですから、誰もがビジネスアスリートになれる可能性があるのです。

ビジネスを成長させて企業を変える、優秀で画期的な人材

それでは企業サイドにとって、ビジネスアスリートを採用することはどのようなメリットがあるのでしょうか。

あれは今から５年前、『ラグビーワールドカップ２０１９ 日本大会』での出来事です。

当時私は会場内にある仮設トイレの点検のアルバイトとして試合の行われる大会会場に入っていました。当時のタイミングとしては、自分の会社『＆ａｔｈ』を立ち上げる直前。

当初からスポーツ関連の事業を展開しようと考えていた私は、独立創業を見越して、会社立ち上げに向けて様々なスポーツイベントに関わりたいと積極的に動いており、『ラグビーワールドカップ』もその一環でアルバイトとして大会現場に参加していました。

会場で実際に見るラグビーワールドカップは想像以上の熱気で盛り上がっていました。ラグビー強国のニュージーランドやオーストラリアなどを応援する観客たちが大会スポンサーのハイネケンのビールを片手に持ち、立ち上がって大声で声援を送りながら、目の前で繰り広げられるアスリートたちの一挙手一投足に熱狂する姿。

実際の会場で、生で感じたあの熱気と歓声に、私は思わず鳥肌が立つほど感激しました。

あのとき感じた熱気と歓声をアスリートは自分自身の体験として持っています。

あの熱狂を生み出す素養をビジネスアスリートは秘めているのです。

「ビジネスアスリートがみんなを巻き込んで、オフィスでもあの熱気をつくり上げたら嬉しくないですか？御社にとって大変大きなメリットがあると思います」

ビジネスアスリートを採用する企業サイドのメリットは非常に大きいと私は考えています。

「会議の時間になりました」

「オンラインミーティングです」

「議題は何でしたか？」

「どなたかご意見ありますか？」

「他に何かありますか？」

「時間です。終わります」

何の盛り上がりもなく淡々と会議が進み、時間が来たら終わり。

確かにスムーズに会議が進めば効率はいいかもしれませんが、それで本当にいいのでしょうか。毎度毎度雛型に沿った定型の会議では、会社の発展やプロジェクトの飛躍的な向上は見込めないでしょう。ひと言でいえば、会社としての盛り上がりがまったくありません。

「それよりももっと熱く盛り上がる熱狂が、ビジネスの場でも欲しくないですか？」

私は企業サイドにそう問いかけたいのです。

この問いかけに、経営者であれば誰もが「それは欲しい」と言うでしょう。

そのときに私がお勧めするのがビジネスアスリートです。

「自分はアスリート出身ですから、このプロジェクトをどんどん伸ばしていきます」

アスリート時代同様、プロジェクトでも積極的にガンガンみんなを引っ張っていく。

それが私のイメージする「ビジネスアスリート」。

ビジネスでもアスリートと同様に活躍できる人材。

ビジネスアスリートが一人加わることで、プロジェクト自体が活性化します。

ビジネスも成長する、企業文化も変わる。

企業にとって有益な優秀で画期的な人材、それが「ビジネスアスリート」なのです。

人材不足解決の決め手となるアスリートPMO

IT業界には現在、大きな課題があります。すでにお話ししたように「人材不足」の問題。

端的に言って、物理的に人が足りません。IT業界は恒常的に人材不足の課題を抱えています。

実はその人材不足によって、単に人手が足りないという問題だけではなく、「適正な単価と担当する業務がマッチしていない」という、コスト的な面からも、業務効率的な面からも、大きな課題が発生しています。

それはどういうことか？

たとえば「実質単価２００万円」のコンサルタントまたはＰＭＯが、通常ならば「単価80万円」のコンサルタントまたはＰＭＯが処理すべき仕事を担当せざるを得ないという状況が起きています。

仕事を発注する企業サイド、つまりお金を支払う側から見れば、本来２００万円の仕事をやるべきはずの人が80万円の仕事を処理しているのですから、コスト的には2倍から3倍のコスト差ができているわけです。

これがもし解消して、適正な単価で発注できるとすれば〝２００万円↓80万円〟になるわけですから、その差額分は別の新たなプロジェクトに投資できるようになります。つまり現状は単純計算で「１２０万円分がもったいない」ということになっているのです。

人材不足によるこうしたコストの無駄が、ＩＴ業界における現時点での大きな問題であり、早急に改善すべき課題です。ひと言でいえば、余計な仕事が多い。能力があるコンサルタントまたはＰＭＯたちが処理せざるを得ない仕事が多すぎるのです。

そうした現状の下、現実的にはどのような状況かというと、単価200万円の人材に対して正価の200万円を支払える企業は非常に限定的です。そのため実際には200万円の半分程度で仕事を発注して、その分稼働日も減らして通常の半分の稼働で仕事を処理するというケースが多く見られます。

この方法だと支払うコストが半分で済むので企業サイドも発注しやすいうえに、受注するサイドも稼働日が半分で済むため、別の仕事を受けることができる。つまり、発注する企業サイドにとっても、受注するサイドにとってもお互いにメリットがあるのです。

ただし、稼働日が通常の半分程度になるため、プロジェクトの進行に影響が出る可能性をはらんでいます。

能力がある人であれば、7つ8つのプロジェクトを掛け持ちで請け負っているケースまであります。その場合、さすがに一人で仕事を回すのは難しくなるので、仕事仲間に振って分担し、「ちょっと資料作っておいて」とか「これだけやっておいて」など、一つのグループのような形態で仕事を処理しています。

これが現在のIT業界の実態です。コスト的にも効率的にも課題を抱えている現状が見えてきます。

その最も大きな原因は、すでにお伝えしたように〝人材不足〟。

ＩＴ業界が恒常的に抱えている人材不足を解消しなければ、この課題は解決しません。いつまで経っても非効率的でコスト面でも見合わない状況が続いてしまいます。

こうしたＩＴ業界の課題を解消できる決め手となるのが、ビジネスアスリートが担う「アスリートＰＭＯ」です。

単価２００万円のコンサルタントまたはＰＭＯが本来やるべき仕事ではない余計な仕事をアスリートＰＭＯがアシストし効率的に処理していきます。

その結果、２００万円の価値がある人材は〝２００万円＋α〟の仕事ができるようになり、コスト的な面も時間的な効率もアップします。

能力ある人材には、その能力分の仕事をしてもらうことで効率アップ。

今まで抱えていた余計な仕事はアスリートＰＭＯがアシストする。

ＩＴ業界が抱えている人材不足を根本的に解消するのがアスリートＰＭＯ。

アスリートＰＭＯには、それだけの価値があるのです。

日本とアメリカのスポーツビジネスの違い

ここでスポーツ業界の話を少しご紹介しましょう。

アメリカにスタンフォード大学という名門校があります。このスタンフォード大学のアメリカンフットボール部は、全米大学フットボールの中でも指折りの強豪校ですが、活動期間は1年のうち「4ヵ月」と制限されています。

試合の時期を含めて1シーズン4ヵ月以外は練習してはいけない。コーチも4ヵ月しかコーチ業務をしてはいけない。この4ヵ月以外のオフシーズンにアメフトのアドバイスをしたら罰則。オフシーズンにはアメフト部の学生とアメフトについて話すことさえ禁じられているそうです。もちろん自主トレはしているでしょうが、チームとしてオフィシャルに活動していいのは1年のうち、たったの4ヵ月間だけ。

この限られた4ヵ月という時間、リソースでいかに相手に勝つかというのがスタンフォード流。まさに文武両道というか、武より文のほうが多いのです。

その基本にあるのは「学生の本分は勉強」という理念です。

これが日本だと、スポーツならスポーツで一つのことをやり切ることが美学とされ、アメフトであればアメフトだけやっていればいいという風潮があります。

一方アメリカをはじめとする欧米諸国では「デュアルキャリア」という概念があり、アスリートでもスポーツだけでなく、その他のたとえば学問などのキャリアも重要視して、アスリートとして一線を退いた後はビジネス業界で活躍する人材も数多く輩出されています。

スタンフォード大学のアスリートたちも、勉強を本分とするルールがしっかり定められているため、スポーツを人生のすべてではなく〝人生の一部〟として、自らの人生を充実するためにスポーツに取り組んでいるという意識が強いのです。

このスタンフォード大学のアメリカンフットボール部でアシスタントコーチをされているKさんという日本人のコーチがいます。そのKさんがあるメディアの取材で「日本のスポーツとアメリカのスポーツと何が違うのか」について答えていました。

Kさんの答えは「全然違う」。

そもそも日本と違ってアメリカのスポーツリーグは入れ替えがないのです。

アメリカの４大スポーツといわれる、ＮＦＬ（ナショナルフットボールリーグ）、ＮＢ

A（ナショナルバスケットボールアソシエーション）、MLB（メジャーリーグベースボール）、NHL（ナショナルホッケーリーグ）、アメフト、バスケ、野球、アイスホッケーのメジャースポーツ4団体はすべて1部リーグしかありません。要は入れ替えがないのです。それぞれの団体が1部リーグで稼ぎ切るというのがアメリカ的な発想。

さらに収益面でも日本と違います。たとえば日本のプロ野球（NPB）では、セリーグ、パリーグがあって、その中でも各球団ごとに売上を計上するので、ひと言でいえば「儲かっている球団」と「儲かっていない球団」に分かれます。

一方アメリカの場合、全チームの売上が、アメフトならNFLに一度全部吸い上げられて、そこから各チームに均一に配分されます。観客収入もグッズ収入も全部含めて吸い上げられて均一配分。もちろん優勝賞金など上乗せされる金額はありますが、基本的な収入は一度全部吸い上げられてから均一に分配されるシステムになっています。

これはアメフトも野球もバスケもアイスホッケーも同じ。プロスポーツのみならず、大学スポーツでも同じ手法が採られています。

なぜそうしたシステムになっているのか？

それはチーム力を均一化するため。分配する金額、つまり各チームの収入を均一化することで、チーム力も均一化し、お互いに切磋琢磨するようになる。リーグ戦を通じて試合では僅差を演じることになります。その結果、お互いのチームが僅差で競い合う姿に多くのファンが熱狂し、お金を落としてくれる。

これが世界で一番発達したアメリカのスポーツビジネスの手法です。

対して日本は、JリーグでいえばJ1、J2、J3と3部に分かれている。野球もセリーグ、パリーグと分かれて、チーム力が大きく開いているのが実情。

「そこが全然違う」

スタンフォード大学アメフト部でアシスタントコーチを務めるKさんはそう言います。

このシステムはコーチの待遇にも関係しています。

日本の大学スポーツと違って、アメリカの大学スポーツは全米規模と観客数が各段に多いため、コーチの報酬も日本とは桁違いに多く、フルタイムコーチだと最低でも年俸約2500万円ほどで、大学キャンパス内に自宅や自動車が報酬として与えられることもあるそうです。大学フットボールで一番多額の報酬を得ているヘッドコーチの年俸は何と

12ミリオンドル（約18億円）ほどにも上るといいます。

これが日本だと無報酬でコーチを引き受けているケースさえあります。むしろチームを維持するために自分のポケットマネーを持ち出しているケースもあるほど。奉仕活動のボランティアです。

実際に私が大学時代に所属していた立教大学のアメフト部の監督は無報酬のボランティアでした。全国規模の物流会社社長を務めていた監督は、チームからお金をもらうどころか、自分のポケットマネーから持ち出してチームを運営しているような状態。一方、アメリカの監督は10億円以上。10億円対0円ですから、比較対象にすらなりません。

無報酬どころか自腹を切ってコーチしている日本に対して、多額の報酬という好待遇を受けているアメリカのコーチ。これが日本とアメリカのスポーツビジネスの実態なのです。

日本とアメリカのスポーツ界で違うところは〝ドラフト〟にもあります。

日本のドラフトは、野球選手ならプロ野球の球団から、サッカー選手ならサッカーチームから指名を受けるのが当たり前です。

しかしアメリカのドラフトは違います。野球選手だからといってメジャーリーグに行くとは限りません。野球以外のスポーツからドラフトがかかって、別のスポーツに行くケースもあります。つまり、アメフト（NFL）、バスケ（NBA）、野球（MLB）、アイスホッケー（NHL）の4大スポーツ団体同士がライバル関係にあるのです。

たとえば、あの大谷翔平選手がもしスタンフォード大学の野球選手だったとしたら、卒業時のドラフトで野球（MLB）はもちろん、バスケ（NBA）もアメフト（NFL）もアイスホッケー（NHL）も全部が目をつけて大谷選手をドラフト指名するでしょう。

そもそも野球選手なのに、なぜ他のスポーツ団体が欲しがるのか？

たとえ違う競技であっても魅力的な人材であるスター選手を欲しいから。それが話題となり、そのスポーツを盛り上げることに一役買います。

これがアメリカのスポーツビジネス。

「優秀なスポーツアスリートの学生をどの団体が獲得するか」

毎年ドラフトで競合し合っている。

そのために、いかに魅力的なスポーツであるかを、それぞれの団体がアピールし、競い合っているのです。

〝12倍〟も違う日本と欧米のスポーツビジネスの格差

欧米のスポーツビジネスと日本のスポーツビジネスを比較したとき、そのマーケットの大きさの格差は〝12倍〟もあります。

この12倍の差ですが、今から30年前には〝3倍〟程度の差しかありませんでした。それが30年間で、さらに4倍の差に跳ね上がり、今では12倍の格差となってしまいました。

それはなぜか?

その答えはいくつかありますが、原因の一つに「チケット収入の違い」が挙げられます。

たとえば大学スポーツを例にとってご説明しましょう。

すでに触れましたが、アメリカの大学アメリカンフットボールチームのヘッドコーチ(監督)の年収は、日本と比べて桁違いに大きな金額です。その額は多い人で「年収10億円超え」。もちろん全員ではありませんが、何人もの年収10億円監督が実在しています。

プロでもない大学スポーツの監督が、なぜ10億円などという巨額の年収を得ることができるのでしょうか。

その理由は、それだけ支払うことができるチケット収入があるからです。

すでにご説明しましたが、各チームのチケット収入（グッズ収入も）を一括して機構（団体）が吸い上げ、そこから各チームに均一に分配する。このシステムがプロのみならず、大学スポーツでも行われています。その結果、各チームの戦力も均一化することで、僅差の白熱した試合が展開され、熱狂的なファンがつくことでチケット収入がアップする。

さらにそのチケット収入を均一に分配することで、各チームの財政も安定し、監督にも10億円という、日本では考えられないような高額のサラリーを支払うことができるのです。

人口で見ると、日本の人口約1億2千万人、対してアメリカの人口約3億4千万人。約3倍の人口を持つアメリカのスポーツビジネスマーケットは60兆円。それに対して日本はわずか5兆円。人口の差から考えれば、アメリカの1／3の日本は、スポーツビジネスでも60兆円の1／3の20兆円あってもおかしくありません。ところが現状はアメリカの1／12のマーケットしかありません。この差が監督の収入や選手の収入となって表れているのです。

惨憺たる現状ですが、この要因の一つには、日本のスポーツビジネスにとって非常に不運な出来事が起こったことも挙げられます。

日本のスポーツ振興やスポーツに関する施策の総合的な推進を図ることを目的として2015年に文部科学省の外局として「スポーツ庁」が発足しました。目的は日本のスポーツの振興と共に、スポーツビジネスの拡大を目指すこと。

このスポーツ庁設立に合わせるかのように『ラグビーワールドカップ日本大会』（2019年）開催が決定され、その翌年の『東京オリンピック』（2020年）で一気呵成のごとく、日本のスポーツ界、スポーツビジネスを盛り上げて「日本のスポーツマーケットを3倍にスケールアップする」というのが当初の行政の目論見でした。5兆円の3倍といえば15兆円。この金額は、60兆円規模のアメリカのスポーツマーケットの1／4ですから、現状と比べて遥かに日本とアメリカのスポーツマーケットの格差がなくなることになります。

ところがここで日本の目論見が大きく狂いました。2020年に発生したコロナ騒動の影響で、残念ながら東京オリンピックは1年延期となり、さらにパンデミックの影響で従来予想されていた盛り上がりにはほど遠い状況となってしまったのです。このとき「日本はスポーツビジネス拡大の最後のチャンスを逃した」とさえ言われています。

しかし私自身はまだ希望を持っています。

日本のスポーツビジネスの現状を変えていきたい。

その希望の担い手となるのが「ビジネスアスリート」です。

ビジネスアスリートを増やすことで、日本のスポーツビジネスを変えていきたい。

それが私のアスリートＰＭＯに懸ける想いなのです。

アスリートＰＭＯの２つの価値

スタンフォード大学アメフト部でコーチを務めるＫさんは、こうしたスポーツ界の現状を比べて、「日本とアメリカのスポーツビジネスは全然違う」と言います。

そこでＫさんに「日本のスポーツビジネスは今後どうしていったらいいのか」を聞いたところ、その質問にＫさんがポロっとこぼしたのがこの言葉。

「欧米のスポーツ関係者の中には〝日本のプロフェッショナルなスポーツの人たち、あの人たち、結局飲食店予備校でしょ〟と揶揄する人もいると耳にしたことがあります」

この発言を聞いたとき、一瞬〝酷い言葉だな〟と思いました。欧米のスポーツ関係者の中で、そんな風に日本のプロスポーツ界を捉えている人がいるとは……。

しかしよく考えてみると、あながち間違っていません。むしろ的を射ているとさえ感じます。すでにこの本でもご紹介したように、アマチュアだろうとプロだろうと、スポーツ界で活躍したアスリートたちのセカンドキャリアの現状は、成功しているとは言いがたいものがあります。いえむしろ、アスリート時代の輝かしいキャリアをまったく活かせていないセカンドキャリアを歩んでいるアスリートがいかに多いことでしょうか。

突き詰めると、この現状は教育に行きつくと思います。

一つのこと、スポーツならスポーツの道を極めることを美徳とする日本の教育に対して、スポーツは人生の一部として人生を充実させることを主眼としているアメリカの教育。

実際にスタンフォード大学出身のアスリートたちは、アスリートとして現役生活を退いた後に、ビジネスで起業して成功を収めるケースも多いといいます。

日本とアメリカでまったく違うスポーツビジネス、そしてアスリートのセカンドキャリア。

「日本のプロスポーツ選手は飲食店予備校」

こんな風に揶揄されている現実を変えなければいけない。

しかもアスリートはスポーツから引退した後のキャリアのほうが長いのです。

日本のアスリートたちが抱えているセカンドキャリアという課題。

アスリートたちがビジネスアスリートとしてセカンドキャリアで成功を収め、実績を積み上げていくことが、この問題を解決することになると私は信じています。

「アスリートＰＭＯの価値」を企業目線、アスリート目線、それぞれで見た場合、２つの大きな価値があります。

企業サイドにとっては「払うべきではないコストを払わず、適正価格で発注できるようになること」。

アスリートＰＭＯが業務分担することで、能力のある人材はその能力に適した業務に専念できるようになれる。ひいてはそれがビジネス業界全体の発展にも繋がる。

アスリート目線で見た場合、ビジネス業界でアスリートのセカンドキャリアをしっかりと構築する手段となる。これはアスリートたちが抱えるセカンドキャリアという大きな課題を解決する決め手となり得る。

「飲食店予備校」と揶揄される現状を打破するためには、すでに持っているマネジメントスキルを活かしながらお金を稼ぎ、かつビジネス界で生き抜いていける力を身につける必要があります。その具体的な手段の一つが「アスリートＰＭＯ」。

企業にとって、アスリートにとって、アスリートＰＭＯにはこの2つの価値があると思っています。

ビジネスアスリートの成功例

ここまで、企業側にとってのアスリートＰＭＯの価値、アスリート側にとってのセカンドキャリアとしてのアスリートＰＭＯの価値についてご説明してきました。

アスリートが培ってきた能力は、ビジネスの場面でさらに大きく花開く可能性があるということがおわかりいただけたかと思います。

ここからは、実際にアスリート引退後にビジネス界に足を踏み入れ、コンサルタントとして成功を収めている方の実例をお話ししたいと思います。

第3章で少し触れましたが、プロ野球引退後にコンサルタント会社に転職し、アスリートPMOとして実務を積み、その後独立して現在は自分で起業したコンサルティング会社で、各企業とコンサルタントのマッチングプラットフォームの運営や、イベント企画運営などのビジネスを展開している『Ｎｏ ｂｏｒｄｅｒ』という会社の代表を務めている柴田章吾さんをご紹介させていただきます。

まず簡単に柴田さんのプロフィールをご紹介します。

愛知県名古屋市出身の柴田章吾さんは小学校6年生のときに（4歳から三重県に移住）、リトルリーグの全国大会で優勝。左投げ左打ちのピッチャーでエースとして中学でも活躍し、高校は名門の愛知の愛工大名電へ。3年夏の大会で甲子園出場。その後明治大学野球部を経て、ドラフト（育成3位）で巨人軍に入団。3年間在籍した後に戦力外通告を受けて、球団職員として東南アジアに野球を広める活動に従事。球団職員として1年間活動した後、第2新卒枠で外資系のトップコンサルティング会社アクセンチュアに入社。ITコンサルタントとして3年半、官公庁や企業などのITコンサルティング、業務改善などのコンサルティング業務を担当し、独立して起業。現在は自社（Ｎｏ ｂｏｒｄｅｒ）で、コンサルティング業務やイベント業務などのビジネスを展開されています。

彼がなぜ野球選手を辞めて、ビジネスアスリートとして輝かしいセカンドキャリアを築くことができたのか。それは彼が歩んできた道のり、そして何より彼の前向きで積極的な思考が成功に導いているのだと思います。

小学校（リトルリーグ）で全国制覇した彼の野球人生はまさに順風満帆でした。中学でも左投ピッチャーとしてエースで活躍していた彼のもとには、甲子園常連校の全国の名門強豪高校から「ぜひうちに来て欲しい」という声が何校からもかかっていました。

その頃の彼の夢は「プロ野球選手になること」。このまま順調に活躍していけば、その夢に手が届くだろうと誰もが信じて疑いませんでした。

ところがそんな彼に突然病魔が襲いかかりました。

難病の「ベーチェット病」です。彼の場合は「腸管ベーチェット」でした。

皮膚や粘膜が急性の炎症を繰り返す慢性疾患のベーチェット病は、現代医学では根本的な治療方法がありません。対症療法としてステロイドを日常的に服用し、症状が発症しないように薬で抑えるしかありません。炎症を発症すると高熱や激しい痛みに苦しめられ、日常生活にも支障をきたします。場合によっては失明する恐れもある恐ろしい病。入院先の医師からは「野球を続けたら死ぬかもしれない」とまで言われました。

自分が難病に侵されていて、もう野球ができないと知ったとき、病院のベッドの上で彼はこう思ったそうです。

「もう野球ができないかもしれない。何で俺なんだろう…」

野球という生きる希望を失いかけ、絶望の淵に立たされた彼を救ったのが、後に彼が進学することになる愛工大名電野球部の倉野監督。

「病気を治してくれればそれでいい。3年生の夏に甲子園に行けるように、それまではリハビリをしよう」

あのイチロー選手も輩出した強豪中の強豪校の愛工大名電野球部の新入生枠は15人。全国から優秀な選手が集まる15人という狭い枠の中に、監督は病気と知ったうえで彼を選んだのです。

「あのとき監督がいなかったら、僕の人生は終わっていた」

当時を振り返って彼はそう言います。

「同じ病の人に希望を与えたい」

難病を抱えながらも決して諦めず、彼は高校でも野球を続けることを選びました。

このとき彼は目標を「プロ野球選手」から「甲子園」に切り替えました。

「自分が試合で投げられなくても、チームをモチベートすれば甲子園に行ける」

すでに高校時代から彼には〝チームマネジメント能力〟があったのかもしれません。もし自分が投げられなくても、チームとして甲子園に行くことを頭に思い描いていました。

高校でも何度か入退院を繰り返し、常に運動制限の中、他の選手とは違うメニューを一人黙々とこなす彼は満足いく練習ができませんでした。それでも節制生活が功を奏したのか、3年生になるとベーチェット病の症状は出なくなり、練習メニューも他の選手同様にできるようになりました。

こうして迎えた3年生の最後の夏の大会。

県予選の決勝戦、最終回のマウンドには背番号「10」をつけた彼がいました。

渾身の力を込めて投げたストレート。

最後のバッターをレフトフライに打ち取り、彼は自分の力で見事に甲子園出場を勝ち取りました。

「3年生の夏に甲子園に行けるように、それまではリハビリをしよう」

あのときの監督さんの言葉に、ようやく報いることができたのです。

高校卒業後、明治大学に進んだ彼は大学リーグでも活躍し、ドラフトで巨人に育成選手として入団。小学生で夢見た〝プロ野球選手〟になりました。

しかしプロの世界は厳しく、1年目にイップスを発症したこともあって1軍で登板することなく、3年間で戦力外通告。それが2014年10月1日のことです。

球団からは「引退後に球団職員として残る」選択肢も提示されましたが、すぐにはプロの道を諦めることができず、自主トレしながら今後の身の振り方について考えたといいます。

そして彼が出した答えは「プロ野球選手を辞めよう」。

引退を決めた一番の理由を彼はこう言います。

「この先もし自分が1軍に入れたとして、どれぐらいの選手になれるだろう？おそらく年俸3千万ぐらいの選手だろう。それを3年続けられたら奇跡。3年間で9000万。そこからクビになったら、そのときはもう30歳ぐらい。そこから次の仕事を探すよりも、今からその金額を毎年もらえる人生にしたほうがいいんじゃないか。これからは野球選手じゃないキャリアを歩んだほうがいい。野球選手を超えるキャリアを築いたほうがいい」

そこからは次のキャリア、プロ野球引退後のセカンドキャリアについて考え始めたそうです。

このスポーツからビジネスへの頭の切り替え。過去の野球の栄光にこだわらずに、新たなジャンルに挑戦しようという前向きな意欲。

この発想の転換が彼がプロ野球選手からビジネスの世界に飛び込み、ビジネスアスリートとして成功する要因となっているのだと思います。

プロ野球選手からアスリートＰＭＯへ

引退後の彼は1年間球団職員として野球教室などを通じて子供たちに野球を広める活動に従事しました。

「僕はこういう仕事をやっていきたい。でもこのままここにいては僕がやりたいことは実現できない」

そう考えた彼は転職活動にチャレンジ。

バイタリティ溢れる彼は、大手広告代理店や大手総合商社などの名だたる企業の最終面談まで進んだものの、結果的には全部不合格。これが彼の第二の挫折。

しかしその程度ではめげない彼は転職エージェントに相談しました。

「何をやりたいですか？」

そう聞かれた彼はこう答えました。

「僕はスポーツ選手なのでスポーツに恩返しするような仕事がしたいです。でも僕にはまだ経営ノウハウもないし、もっとビジネスを身につけたいと思っています」

ここでエージェントから返ってきた言葉が彼のその後の人生を決めました。

「とても厳しい門ですが、ある会社に3年間いたら、あなたがやりたいことができる、そんな市場価値のある人材になれる、そういう会社があります。受けたいですか？」

その質問に彼は迷うことなく答えました。

「受けたいです。ぜひ挑戦したいです！」

その会社が世界トップクラスの外資系コンサルティング会社『アクセンチュア』。

当然受けたからといって簡単に受かるような会社ではありません。東大、京大をはじめとする国公立大学、私立では早稲田、慶応、錚々たる大学が並ぶ中、〝元プロ野球選手〟で野球一筋の人生を歩んできた彼が果たして受かるのか。

常識的に考えれば無理でしょう。でも彼は受けると決めたときから徹底したアクセンチュア対策を立てました。

当時の彼のスケジュール帳を見ると、予定がびっしり詰まっていて真っ黒でした。片っ端から知り合いや大学時代のネットワークを通じてOBや企業の担当者を紹介してもらい、直接電話して「お話を聞かせてください」とお願いして、「どういう人材なら受かるのか」を徹底リサーチ。半年間で100人以上の人と会って対策を立てたそうです。

「アクセンチュアに受かるためにはどうすればいいのか」

それはつまり「試合に勝つためにはどう戦えばいいのか」というゲームマネジメントと同じ。彼が持つアスリートとしての能力が、ここでも活かされたのです。

元プロ野球選手から転職して外資系コンサルタント会社へ。

アクセンチュアでの彼の職種は、ITコンサルタント職。官公庁の業務を改善するプロジェクトや、製造業やアパレルの業務改善、ITコンサルティングなどのコンサルティング業務を担当。まさに「アスリートPMO」として活躍しました。

その彼がアクセンチュア時代の経験をこう語っています。

「野球生活20数年間で流した汗の何倍もの涙を流しました」

アクセンチュアという会社を揶揄する言葉にこういうものがあります。

「何か問題を追及するときに、まず肩幅程度の体がまったく動かなくなるようなコンクリートの壁で両側から挟む込み、そして前からその幅のコンクリートの壁をどんどん押し込めていくような詰め方をする会社」

この例えを聞くだけでも、息が詰まるほど厳しい仕事環境に置かれているのだろうということがわかります。おそらく彼も相当酷いことを言われたのでしょう。

「お前、野球しかやってない筋肉バカだな」

「お前が来るような会社じゃないんだよ」

「こんなこともできないのか」

「何もできないじゃないか」

そうした罵詈雑言を散々かけられたのだと思います。

相当辛かったでしょう。それに耐えられずに辞めていく社員も何人もいます。

さすがにパワハラが問題視される今は世間的にそうした行為はできない傾向にありますが、彼がいた頃はまだ厳しく詰められていたのだと思います。でも彼は耐えた。

「野球をやると死ぬかもしれない」と言われても野球を続けて甲子園まで行ったのですから、目標に向かってやり遂げる根性は半端じゃありません。コンサル業務などまったく未経験の彼は、血の滲むような努力を重ねて3年半やり切った。

3年半勤めてアクセンチュアを辞めた後、彼は独立して自分の会社を立ち上げました。事業内容は、フリーランスのコンサルタントを企業に派遣するビジネスモデル。

小学生から野球一筋のアスリート人生を歩んできた彼は、コンサル会社でアスリートPMOとして活躍し、自ら起業した会社でビジネス経営者として成功を掴んだのです。

現在の彼の夢は「アジアで甲子園のような大会を開く」こと。

「アクセンチュアでやっていた仕事と、野球選手だったときの課題を合わせるような仕事がしたい。そのためにも海外に野球を広めていくイベントを開催したい」

彼の夢の第一歩が、今年12月にインドネシアで開催される『ASIA KOSHIEN』。

「甲子園の熱狂をアジアにも広めたい」

それが彼の願い。

甲子園という感動のパッケージをアジアに広げたいという夢をサポートするために、すでにトップスポンサーにANA、吉野家、布団の西川といった大手企業が付いています。

そのスポンサー企業も彼が全部自分で集めました。

「5年後ではとても無理。今から30年後に、あの甲子園が違う国でもまったく同じような熱狂で盛り上がってるっていう未来があったらワクワクして仕事ができます」

難病に負けずに甲子園を夢見て掴んだ、あの大舞台。

「30年後にアジアで甲子園のような大会を開きたい」

現在彼は35歳。

ビジネスアスリートになった今だからこそ叶えられる夢。

甲子園の夢は、彼の中でまだ続いているのです――。

アスリートが秘めているセカンドキャリアの可能性

私が柴田章吾さんに最初にお会いしたのは、彼のセミナーに参加したとき。それ以来、何度かお目にかかるようになりました。

私が考えるアスリートPMOのメインのクライアントは、まさにアクセンチュアのようなコンサルティング会社。柴田省吾さんという元プロ野球選手のアスリートが、そのコンサル会社で活躍したという事実。アスリートから外資系大手コンサル会社で成功した実績は、これから続くアスリートたちの指針となり、自信にも繋がるでしょう。

柴田さんの成功を知ることで、アスリートたちにもぜひ彼の後に続いて欲しい。

柴田さんに「アスリートのセカンドキャリア」についての話をしたとき、彼は私にこう言いました。

「アスリートのセカンドキャリアは難しいですよ。僕は確かに野球からアクセンチュアに行きましたけど、そこにはやはり〝もの凄くやった〟という自負もあります。僕がアドバイスしたところで、やり切れる人はほんの一握りです」

彼に限らず、多くの人に言われました。

「アスリートのセカンドキャリアは難しい」

確かに簡単ではないでしょう。しかし私はそこを変えたい。

柴田さんは大成功例にしても、徳島インディゴソックスのKくん、それに私自身も元アスリートからITコンサルとしてビジネスの世界に身を投じています。コンサルに限らず、世の中を見渡してみれば、セカンドキャリアをしっかりと歩んでいるアスリートはまだまだいるでしょう。

難しいかもしれないけれど、決して無理なことではありません。他のアスリートたちにも十分に可能性があります。

アスリートがビジネス界で活躍することで、ビジネス界の発展にも貢献し、アスリート自身のセカンドキャリアも充実したものになる。

難しいからこそ挑戦する価値がある。厳しいからこそやりがいがある。

アスリートの輝けるセカンドキャリアとしてあるべき姿。

それが「ビジネスアスリート」なのだと思います。

CHAPTER 05

&athが目指す「ビジネスアスリートの未来」

ＩＴ人材のマッチング事業との出会い

この章ではまずはじめに、スポーツ一筋のいわゆる〝スポーツバカ〟だった私がどのようにしてビジネス界に入り、コンサルとして独立し、＆ａｔｈとして「アスリートＰＭＯ事業」を立ち上げたのかについて、少しお話しさせていただきます。

きっと、私の体験談をお聞きになれば、アスリートの方は誰でも「三保にできたなら俺にもできる」と思われるはず。現役アスリートの方も、すでに現役を退き別の仕事をされている方も「アスリートＰＭＯというＩＴコンサルで活躍できる可能性が十分にある」と自信を持っていただけると思います。

「はじめに」で少しお話ししましたが、大学４年間をアメフト部で過ごした私は卒業後に三井住友銀行に入社しました。そこで２年間銀行員（営業職）として働き、その後は父の事業整理の手伝いをするために銀行を退職しました。父の事業整理が一段落したところで、いざ就職となったものの、たったの２年間で銀行を辞めた経歴が影響して、どの会社を受けても不採用。生活のためにひたすらアルバイトで食いつなぐ生活でした。

銀行を辞めてから3年ほど様々なアルバイトで暮らしていた私ですが、たまたま派遣社員として入った会社が『アサインナビ』というITの人材派遣会社。

今〝たまたま〟と言いましたが、IT業界どころかIT自体もわからない私がなぜこの会社を受けたのかというと、単純に時給が良かったから。この時給（1900円）なら、これ一つで今までバイトをいくつも掛け持ちして稼いでいた金額と近い稼ぎがある。たったそれだけの理由で、どんな職種なのかもよくわからないまま、それまでまったく縁のなかったIT業界に飛び込んだのです。「ダメなら辞めればいいや」程度の軽い気持ちで。

この『アサインナビ』の社長が、世界的なトップコンサルティング会社の『アクセンチュア』出身。副社長も外資系コンサル会社『PwC』出身と、2人とも非常に優秀なビジネスエリート。会社が手掛けている主な事業はITコンサルティングで、クライアント企業のIT化、DX化のプロジェクトに自社のコンサルタントを派遣してアシストする事業。

私が派遣として採用されたのは、この会社が新しく立ち上げるIT人材のマッチングプラットホーム事業で、その営業第一号として採用されたのです。

IT人材のマッチングプラットホーム事業の内容を簡単にご説明すれば、要は〝ITの出会い系サイト〟のようなもの。仕事が欲しい人材と人材を求める企業との間のマッチング。私が担当したのは、登録された企業と登録された人材の間に入って繋げる仕事です。

表向きは「登録した企業と人材を自動的にベストマッチングします」という謳い文句でしたが、実際には裏で私のようなマッチング担当者が一人一人、一社一社にヒアリングして「どういう案件を求めているのか」「どういうスキルを持つ人材が欲しいのか」の情報を得て、それぞれの条件に合う者同士をマッチングしていました。ＩＴ業界とはいえ、やっていることはまさにアナログ。ＩＴのことなど何もわからない私でもできたのは、デジタルでも何でもない、超アナログな〝人と人を繋ぐ〟仕事だったからです。

実際にシステムを構築するような専門的なエンジニアの仕事は私には知識もないし、スキルもない。でもプロジェクトを動かすには、私のようなＩＴのことなど詳しくない人間のマンパワーが必要なのです。

「これは自分でもできる仕事だ」と確信した私自身のこのときの実体験が「アスリートでもＩＴコンサルとして活躍できる」という自信となり、＆ａｔｈが展開しようとしている「アスリートＰＭＯ事業」の根幹となっているのです。

＆ath設立とスポーツ事業の失敗

『アサインナビ』のＩＴ人材マッチング事業の立ち上げからプロジェクトに参加した私は、2年目からは派遣からインセンティブ（月額20万円＋インセンティブ）契約に変更となり、実際の収入も増えたのですが、諸事情により3年で退社。その後独立してフリーとなり、3社ほどと専属契約を結び、コンサル活動を続けました。

当時の年収は約７００万円ほど。時給１９００円時代を考えれば、生活するには十分な金額でしたが、アスリート時代のようにガンガン積極的に行くような姿勢も忘れ、はっきりいって〝ぬるま湯〟に浸かるような、いわば守りの姿勢でコンサル活動をしていました。

そんなときに偶然街中で出会ったのが、アサインナビの研修で知り合った、私の小学校のときの先輩でもあるＹさん。彼はそのとき『イグニションポイント』という、当時起業して3年目のベンチャーコンサルティング会社に勤めていました。

この『イグニションポイント』というコンサル会社は当時業界でも注目されていたベンチャーで、ＩＴ人材などのマッチング事業などを展開していました。

この会社で魅力的だったのが「CXO制度」というシステム。

これは、社員が提案した新規事業の企画が社内のプレゼンで通れば、その新規事業を立ち上げる新会社（子会社）の社長になれるという新規事業提案プロジェクトです。

コンサルタントとしての仕事はもちろんですが、新規事業提案プロジェクトに魅力を感じた私はYさんの紹介で面接を受け、イグニションポイントに入社しました。

それが2017年のこと。それから4年ほどイグニションポイントで経験を積み退職。いよいよ本格的な独立に向けて動き出しました。

独立し起業するにあたって、私の事業の方向性は決まっていました。

「スポーツ事業をやりたい」

スポーツ一筋で育った私の根本にあるのは、やはりスポーツです。

「欧米と比べて遅れているスポーツビジネスをもっと活況にしたい。スポーツ事業を通してスポーツ界に恩返ししたい」

子供の頃からスポーツと共に歩んできた私は常にその想いを胸に抱き続けています。

その理念に基づいて設立したのが『株式会社&ａｔｈ』。

会社設立は「2020年4月」。

しかしか会社はつくったものの、設立当初からスポーツ事業が順調に進んだわけではありません。むしろ挫折や失敗の連続でした。

最初に取り組もうとした事業は「スポーツ留学」。「スポーツ×英語教育×留学」をパッケージにして、富裕層家庭の子供向けに募る予定でした。アメリカに留学して英語も学べて、スポーツマネジメントも学べて、将来的に有力な人脈も形成できる。わかりやすくいえば「子供版のスポーツを通したMBA」のような事業を考えました。

留学先の場所も親日で治安のいいユタ州に決まり、〝いざスタート〟となったときに起きたのがコロナ騒動。コロナ禍で渡航することができず、事業はスタート寸前で断念せざるを得ませんでした。最初のスポーツ事業で私は躓いてしまったのです。

それからは独立後も引き続き行っていたIT人材のマッチング事業で経営をしのぎながら、並行して新規のスポーツ事業を立ち上げようと必死に模索しました。

失敗もしました。

引退したアスリートの肖像権をお借りして、その肖像権を企業PRに利用してもらうというアスリートの肖像権ビジネス。

しかし残念ながら芸能人と比べると、どうしても知名度で劣ってしまうアスリートのネームバリューでは企業からの引き合いも少なく、ビジネスとしては失敗に終わりました。

「カネ・モノ」経営から「ヒト軸経営」へ

当時、新規事業のために徐々に社員を増やしたこともあり、既存事業も含めて13人体制でした。しかし新規事業の失敗で経営が成り立たなくなり、無念にも社員には辞めてもらうしか方法がありませんでした。

新規事業に失敗して社員10名を解雇せざるを得なかったとき、誰一人として私を責める社員はいませんでした。それどころか感謝の言葉さえ口にしてくれました。

「こんな経験させていただいてありがとうございます」

「会社に貢献できずにすいません」

社員たちはそう言って辞めていきました。恨み言一つ言わずに。

むしろ憎まれ口の一つも言われたほうが楽だったかもしれません。私は社員のクビを切らざるを得なかった自分の不甲斐なさに嫌気がさしていました。

残った社員は私を含めて3人。私以外には、既存のIT人材マッチング事業を担当していた親友と総務担当者の2名しかいませんでした。

このときばかりは、いくらポジティブ思考の私でも落ち込みました。仕事も手につかず、自分自身が空っぽになったような気持ちで、銀行を辞めてから仕事が見つからずにバイト生活を送っていたあのとき同様、二度目のどん底でした。

「小さい会社だけど売ってしまおうかな…」

弱気になった私はついそんなことまで考えていました。実際にM&A会社に相談して、2社ほどの引き合いも来ました。それでも私は意思決定もできず、ただダラダラと自堕落な毎日を送っていたのです。

「自分は経営者として失格だ。10人もの社員を切って、彼らに辛い思いをさせてしまった」

後悔してもしきれません。経営者としての自分の力不足から社員全員に迷惑をかけてしまった。そのことがいつまでも頭から離れず、本音を言えばずっと一人で苦しんでいました。

「新規事業も失敗して、これからどうしたらいいのか？」

そんなどん底状態にいた私ですが、ある会合の席で、経営者セミナーの講師を務めているTさんという方と知り合いました。

彼は私に言いました。

「経営の勉強はされたことがありますか？」

そう聞かれた私は躊躇せずに答えました。

「ないです。ノリと勢いとどんぶり勘定でやってきました」

今思えば、ずいぶん酷い答えです。真っ当な経営者の言うセリフではありません。

しかし当時の私は、そんなことすら気づいていませんでした。

「そういう三保さんみたいな人こそ、経営を一度勉強されたらいいですよ」

そのときに勧められた経営者セミナーの課題図書が『経営者は人生理念づくりからはじめなさい』（青木仁志・アチーブメント出版）というタイトルの本。

その本の中に、こんな一文が書かれていました。

『経営者は指導者であれ』

その日、私は夢を見ました。

&athの新規事業立ち上げの際に採用した第一号社員。&athの社員募集を見て、美容師の世界から飛び込んできた彼女は、IT業界も営業も未経験ながらも何とか成果を出そうと必死に頑張ってくれました。その彼女が私の夢に出てきたのです。

夢の中の彼女は、いつもきれいにしていた髪もボサボサ、肌もむくんでボロボロになって、ウルウルした目で何かを訴えかけるように私のことを見ていました。

ハッと目覚めた私は夢の中の彼女を思い出していました。

「あの子にまったく教育してなかったな…」

振り返ってみれば確かに私は、社員に教育したことなどありません。それどころか教育から逃げていたように思います。

10人雇って10人切るという苦い経験から、この先新規事業を立ち上げようにも、社員を採用するということ自体に恐怖も感じていました。

「自分は指導者なんて言えないな…」

会社は「ヒト・モノ・カネ」と言われます。しかしながら、ほとんどの会社は「カネ・

モノ・ヒト」の順番なのが実情です。

「会社は〝ヒト〟だ」

夢に出てきた彼女のおかげで、私はようやくそのことに気づきました。

「これからは教育に振り切ろう」

これをきっかけに経営者セミナーを受講した私は、＆ａｔｈを「人を軸とする〝ヒト軸経営〟」にすると心に決めたのです。

セカンドキャリア支援のための「アスリートＰＭＯ事業」

＆ａｔｈの事業の方針を「スポーツ事業、それも教育に振り切ろう」と決めた私は、以前から気になっていた「アスリートのセカンドキャリア」について事業化できないかと考え始めました。

「アスリートの転職支援をして右から左に人を流しているだけでは本当の意味でセカンドキャリア支援にはなっていないのではないか。ただ企業に紹介して終わりでは、それは〝カネ、カネ〟だけと同じ。もっと〝教育〟という部分を取り入れられないだろうか」

私はこれまでにＩＴコンサルタントとして10年以上にわたって何千人もの面談に同席してきて、「どういう人が採用されて、どういう人が不採用なのか」「採用された後にすぐにチェンジとなる人と、長くプロジェクトに関わり伸びていく人の違いは何か」など、そうした人材を目の当たりにしてきました。

その経験からわかるのは、ＩＴ業界が求めているのは実は〝キレ系の人材〟だけではなくて、それ以外の領域もあるということ。

それが「人間力や交渉力といった能力」。

そうした能力を持っている人材が求められるケースも多くあるということに気づいていました。

自分自身、営業しか経験したことがないスポーツ上がりの人間です。その私でも、ＩＴコンサルタントができた。

「そうであるならば、アスリートを社員として雇って、３ヵ月間みっちりと厳しい研修と実務経験を積む教育をすれば、彼らだってＩＴコンサルタントとして活躍できるはず。私でもできたのだから、彼らだってできないはずはない」

彼らアスリートが持っている力を活かせれば、ＩＴ業界の人材不足も解消できるし、アスリートのセカンドキャリア問題も解決できる。

「そもそも彼らはそれだけの能力を持っているのだから、後は教育すればいい。特にマネジメントを支えてサポートするアシスタントＰＭＯの教育をしてプロジェクトに送り込めば、彼らの持っているマネジメント能力という特性が大いに活きるはずだ」

こうして＆ａｔｈの新規スポーツ事業「アスリートＰＭＯ」が決まりました。

アスリートのリスキリングをしてＩＴ業界へ送り込む。

ＰＭＯとは言い換えれば「秘書」のようなもの。全体を取りまとめるリーダーは務まらなくても、プロジェクトを円滑に回すための緩衝材的な役割のＰＭＯは、ＩＴの専門家じゃなくても十分にできます。アスリートならば〝優秀な秘書〟としてプロジェクトリーダーのサポートができるのです。

市場の要求とアスリートが持っているポテンシャル、その２つを重ね合わせて繋ぎ合わせる事業はまだ誰もやっていません。

もちろんその事業自体が難しいこともあって、誰もやっていないこともあるでしょう。

しかし難しいから、誰もやっていないからと諦めるわけにはいきません。

「自分のやりたいことはここだ」

私は確信しました。

自分がやりたい事業は「アスリートを教育し、ITプロジェクトに参加してPMOとして活躍してもらうことだ」と。

ここから&athが現在取り組んでいる「アスリートのセカンドキャリア支援のためのアスリートPMO事業」がスタートしたのです。

アスリート経営者になるために踏むべき第一歩

ここからは私が&athとして今後どのように「アスリートPMO事業」に取り組んでいくかということを具体的にお話ししていきたいと思います。

私が行おうとしているのは、アスリートにビジネスアスリートとして活躍してもらうことです。もちろんその中核に位置しているのは、アスリートのセカンドキャリアとしての「アスリートPMO」。

このアスリートPMOをさらにどのように発展させていきたいのか、実はそれこそが現在私が目標としているビジネスなのです。

その目標とは「アスリート経営者」をつくる。

私自身もアスリート経営者の一人ですが、「一人でも多くのアスリート経営者をビジネス界に輩出したい」というのが私の掲げている目標です。

そこには「アスリート経営者たちによって日本のスポーツビジネスを発展させ、スポーツ界に貢献したい」という想いがあります。

すでに少しお話ししましたが、アスリートのセカンドキャリア問題は、突き詰めると日本の教育に行きつきます。日本では野球なら野球、サッカーならサッカー、柔道なら柔道と、小学生から高校、大学までの10数年間、一つの競技をやり抜くことが美徳とされる国です。

これはそもそもスポーツ自体が〝体育〟から来ているからでしょう。体育つまり教育。教育の一環としてスポーツがあるために、一つの競技をやり抜くことが美徳とされる日本では、たとえば野球ならば甲子園に出場する、プロに入る、その道だけは設定されているけれど、もしその道を外れてしまった場合にセーフティネットはありません。

もしアスリートが途中で挫折したときに「大丈夫。スポーツ以外にこれもやってるから」という別の道がないのが日本の現状です。

ここに日本が抱えているアスリートスポーツの課題があります。

もちろん、この教育という根本的な部分から日本のアスリートが抱えているセカンドキャリア問題にアプローチしていくのが一番正しい方法であることは理解していますが、長年にわたって培われてきた教育を変えていくのは相当な時間と労力が必要になります。

教育を変えるのは難しいとなれば、まず何をすべきなのか。

日本の現状を変えるためには、彼らアスリート出身者が世の中に対して影響力を持つようになること。

影響力を持つためには、自らが経営者となって、後に続くアスリートたちを導けるまでに成長すること。

そのための第一歩としては、しっかりと給料をもらいながら、自分自身をビジネスパーソンとして成長させていき、2年～3年程度で市場価値の高い人材になることです。

具体的にいうと、「年収1千万を稼げるようなコンサルタント」になる。

これが私がアスリートに対して、今取り組むべきことで、アスリートが経営者になるための第一歩として踏むべきステップだと考えています。

アスリートPMOはアスリートのための大学

アスリートのセカンドキャリアという社会課題の解決策の一つとして非常に大きな受け皿を担うと考えているのが、&athが取り組む「アスリートPMO」。

このアスリートPMOで実務経験を積むことで、「3年後には本当に豊かな選択肢があなたに訪れる」ということを提示したいというのが私の目指すところ。

「本当に3年間でコンサルタントとして一人立ちできるのか」

そう疑問に思う方もいるかもしれませんが、心配は無用です。

私たちが持っているコンサルタント業界のネットワークがあれば十分に可能です。

まずは1ヵ月（〜3ヵ月）程度、社内研修を受けていただき、ITの基礎知識やコンサルタント業務の基礎を学んでいただきます。

研修を受けた後、PMO（プロジェクトマネジメントオフィス）として、クライアント企業のプロジェクトに実際に参加していただきます。そのプロジェクトには&athのコンサルタントも入ってサポートしますので、実践を通してPMOの業務を身につけることができます。

PMOというのは、いわばコンサル業界の下っ端です。そこから始めて徐々に段階を経てコンサルタントとして成功して欲しいと考えています。

最初から「将来は独立する」という独立精神で構いません。むしろ「独立したい」という意欲を持っていたほうがいい。

かつては企業サイドも「自社で勤め上げて欲しい」という希望がありましたが、現在はそうした風潮はありません。むしろ独立精神がある人材こそ欲しいという企業が多いのです。そうした独立心旺盛なマインドを持つ社員を採用することで、「現状の〝事なかれ主義〟の閉塞感を打破したい」と考える企業も多いのです。

現実的には独立するにはハードルがあるため、すぐに辞めて独立するとなるとなかなか難しい状況です。しかし「いずれは独立したい」というポジティブな姿勢でプロジェクトに取り組んでいただくほうが成長するのは間違いありません。

弊社も社員採用にあたっては「3年で独立できるようにスキルを身につける」前提で入社していただきます。

しかしその反面「弊社に残ってくれたら嬉しい」という想いがあるのも事実です。弊社の企業理念に共感して、共に協力していただけるようになることは私の願いでもあります。「&athに残って、三保さんと一緒に、スポーツ選手出身のPMOを世の中に数多く輩出することに貢献したい。ビジネスで通用するアスリート出身の人材をつくっていくんだ」

そういう想いを抱く社員が増えて&ath自体が大きくなることが社会への影響力を高めることになり、スポーツ業界を変えていくことに繋がると思います。

もちろん弊社で実績を積み卒業した卒業生にもビジネス界で活躍して欲しい。&athの社員であろうと、独立したフリーのコンサルタントであろうと、私と一緒にスポーツビジネスを変える夢に向かって取り組んで欲しい。

一緒に日本のスポーツビジネスを変えていきたい。

それが&athの目指す一丁目一番地。

私がやりたい本来のビジネスです。

アスリートPMOとしての実績を踏む人を世の中にたくさん輩出し、その中の10％が経営者となり、自分が育った競技、地域に貢献するようになる。

自分の競技をより普及させる、その競技の選手がお金に困らないようなシステムを構築する、チームの財政をもっと豊かにするような新しい取り組みをする、アスリート自身が経営者となってそうした取り組みを主導していくようになったとき、日本のスポーツビジネスは本格的に変わるでしょう。

そのアスリート経営者になるための第一歩がアスリートPMO。

極論を言うと、アスリートPMOは「引退後のアスリートのための大学」です。

そこで給料を得ながら学び、ビジネススキルを身につけて卒業し、ビジネス界で活躍する人材となることができる学校だとイメージしてください。

引退後の受け皿がしっかりあるのだから、セカンドキャリアの心配はせずに、アスリートとしていくらでも挑戦し続けて欲しい。

「引退した後どうしよう…」なんて悩む必要はない。競技を退いた後には、我々&ａｔｈがちゃんと給料も発生する大学を用意しているのだから納得いくまで挑戦して欲しい。

つまり我々&ａｔｈがアスリートたちのセーフティネット。アスリートを辞めた後の〝教育機関〟のような役割となって、セカンドキャリアづくりを支援したい。

その役割を担いたいと私は考えています。

３ヵ月間のコンサルアシスタント教育でスキルを学ぶ

現在、アスリートのセカンドキャリア支援をしている会社は山ほど存在しています。

しかし、その実態はというと、ほどんどの会社が〝転職支援〟だけ行う、いわゆる人材エージェント（転職エージェント）です。弊社のように「自社で採用して教育してプロジェクトに送り込む」というところまでは行いません。

私たちはセカンドキャリア支援の会社の中でも他社とは異なります。

社員として採用し、弊社で育てた人材をコンサルティング契約した企業に準社員のような形で派遣してプロジェクトに参加してもらいます。つまり自社の社員をコンサルティング先の企業のアンダー社員として使ってもらうのです。

現在のセカンドキャリア支援会社は、企業との間に立ってフィー（手数料）をもらって終わりの会社がほとんど。転職先での面倒までは見ません。言葉は悪いですが「後はどうなっても知りません」という姿勢で、ある意味では無責任とも言えるでしょう。

実際に、そうした人材エージェントを通じて採用しても結局使い物にならないケースも多いのです。一応保険として「3ヵ月以内に退職した場合は、全額フィーをお返しします」と返金保証もありますが、逆に言うとエージェント側は「3ヵ月は辞めないで欲しい」というのが本音。それ以上はあずかり知らないとなるのです。

弊社の場合、アスリートPMOとして採用した社員の教育期間は3ヵ月間と考えています（変更の可能性あり）。

3ヵ月分は〝給料＋α〟のコストがかかりますが、その部分は弊社がリスクを追い、3ヵ月間責任を持ってコンサルアシスタントの教育をしてスキルを身につけたうえで、アスリートPMOとしてプロジェクト現場に就いて実務を担当していただきます。

我々が取り組むアスリートPMOプログラムの内容を具体的に提示させていただくと、次のような内容を考えています。

『まず弊社で社員として採用します。

次に3年間ITコンサルとしての実務を積み、ビジネススキルを会得していただきます。

その間、当然ですが給与もお支払いします。

そして3年後には、どこにでも通用する人材にします。

その後は、ご自身でフリーのコンサルタントとして独立されてもいいですし、弊社に残って我々と一緒にコンサルタントとして活躍していただいても構いません』

——以上が現在弊社が考えているアスリートPMO事業の基本的なイメージになります。

日本のスポーツビジネス発展のために

現在、SNSなどのインターネットを活用した交流、リモートワークなどの普及などにより、アンリアルなオンライン上での体験が日常的なものになっています。

そのような現状にあって、逆に価値が高まっているのが〝リアル〟。

アンリアルな体験が日常的に普及すればするほど、デジタルの世界ではないリアルな体験が人々に求められるようになっています。

リアルな体験の中でも〝リアルな感動〟を伴うといえばスポーツです。観て感動するのもスポーツですが、ビジネスという面でもスポーツビジネスが注目されます。

現在、生成AIなどのデジタル化の急速な発展によって、多くの仕事が失われつつある中、円安とインバウンドの日本で伸びる産業は「観光業」と「スポーツ」だと言われます。

先ほどお話ししたように日本政府はスポーツ庁を設置して、日本の国としてスポーツ産業を伸ばそうとしているように、スポーツ産業はまだまだ伸びる要素がたくさんあるのです。

実際にスポーツベンチャーも増えています。とはいえ、現状のスポーツベンチャーが手掛けている事業は、一括りにまとめてしまうと「選手の動きを分析する」といったデータ解析に留まっています。

たとえば、ワールドカップ本大会での〝三苫の1ミリ〟のように、ボールがゴールラインを割ったのか割っていないのかを判定するVAR（ビデオ・アシスタント・レフリー）判定のカメラ技術であったり、ラグビー選手やサッカー選手にセンサーを付けて、1試合のうちに20mダッシュを何回やったか、前半と後半で運動量がどれだけ落ちるかなどのデータを測定したり、要は今あるものをデータ化しているに過ぎません。一部ではファンマーケティングなども行ってはいますが、いずれにしろ今あるものをお金にしているだけ。新しいビジネスが生まれているわけではないのです。

そうした日本のスポーツビジネスの現状を変えたい。

新しいビジネスを生み出したい。

それが私の願いであり、目標とするところ。

これまでに日本でもアメリカンフットボールを商業化しようとした動きはありましたが、残念ながら成し遂げられていません。東京ドームで行われる一番大きな試合は社会人ナンバー1決定戦の「ライスボウル」。その一番のビッグゲームでさえ、せいぜい集まる観客は数万人。一方、アメリカの大学リーグは毎試合10万人。10万人どころか、スタジアムに入れなかった人たちがスタジアムの裏の駐車場でバーベキューしながら会場の外からも声援を送り、楽しんでいるのです。

確かにアメリカと日本では、そもそもスポーツに対する文化の違いはあります。とはいえ、人口差の3倍に対してマーケット規模が30倍も離れているのはおかしな話。この格差を私は少しでも縮めていきたい。日本のスポーツマーケットの規模を大きくしていきたい。日本においてスポーツビジネスが伸びるであろう要素は十分にあります。AIが急速に進展する中で、より〝リアル〟が求められていくでしょう。

しかし残念ながら、現実的に考えると私一人の力では、スポーツマーケットを拡張していくことはできません。

そこで求められるのが、アスリート出身の経営者です。

彼らが日本のスポーツビジネスを伸ばしていくための立役者として活躍する日がもう間近に迫っています。

アスリート自身にとっても、日本のスポーツビジネスの規模を拡張することは夢に違いありません。

結局のところ、企業は利益追求を使命としています。当然伸びるマーケットで新しい事業を生み出さなければならないのです。

現状、有望視されているマーケットは、AI、観光、リユースなど。

リアルな感動ということで挙げると、イベント、ライブ、スポーツ。

これらの分野で、新たな産業革命が起きる可能性があります。

企業がその新しい分野に投資したいとなったとき、当然ながら組むパートナーが必要になります。

スポーツの分野で新たなビジネスを起こそうとしたとき、最も適任なのは当然スポーツ選手出身者。

リアルな感動体験をしてきたアスリート出身者と、アンリアルな知識だけしか持たない人間が語るスポーツでは、本質的な価値がまったく異なります。

そこにアスリート出身でビジネスマンとして活躍しているビジネスアスリートの価値が

あります。

スポーツビジネスにおいて、強力なパートナーとなるのがビジネスアスリート。

企業としては喉から手が出るほど欲しい人材なのです。

近い将来必ずやって来るであろうスポーツビジネスの活況に備えて、そうしたビジネスアスリートをできるだけ多く輩出していきたい。

その第一歩が「アスリートＰＭＯ」。

そしてビジネス経験を積んで「アスリート経営者」へと育っていって欲しい。

「スポーツビジネスの発展」という同じ夢を描く仲間を増やしていきたい。

それが私の夢であり、アスリートＰＭＯ事業の目的。

そして私は、この事業が日本のスポーツビジネスの発展に繋がると信じています。

おわりに
～アスリートPMO事業の未来～

「デュアルキャリア」という発想

本文でも少し触れましたが、セカンドキャリアに関して、最近新たに使われるようになった言葉があります。

それが「デュアルキャリア」。

これはアメリカ発の言葉ですが、「デュアル」とは「2つの」「両方の」という意味で、「デュアルキャリア」とは「2つの異なるキャリアを持つ」という意味になります。

アメリカではこのデュアルキャリアが当たり前になっています。たとえば、格闘家でありながらその一方では弁護士をしているアスリートもいれば、アスリートでありながら会社経営者としてビジネス界でもエリートとして活躍している人もいます。アメリカの教育現場では、小学校や中学校の頃から「自分はビジネスではこういう成功を収める」「スポーツではこういう選手になる」という両方の目標を立てて、その目標に向かって進んでいく教育方針が採られているケースが多いのです。〝2つのなりたい姿〟に向かって自分を走らせる。まさにデュアルなキャリアの構築を子供の頃からイメージし、実践しているのです。

その点日本では、本文中でもお話ししたように、スポーツは教育の一環として取り組まれています。「一つのことをやり続けることが素晴らしい」という教育理念に基づいて教えられているのが日本のスポーツ。確かに小学校から大学まで16年間、野球という一つのスポーツをやり続けたことは素晴らしいけれど、実はそれはもの凄く大きなリスクがあります。そういう教育環境で育ったスポーツ選手は「一つの競技をやり続けることが素晴らしい」と信じて疑わないので、いざ競技を引退した後に何も残らない。

これが日本のアスリートたちのセカンドキャリアを難しくしている根本的な問題です。デュアルキャリアという考え方は、このセカンドキャリア問題を解決するために非常に効果的な手段となります。

しかし残念ながら、まだ日本には根付いていません。

デュアルキャリアという発想を根付かせるためには時間がかかります。何しろ教育自体を変えないといけません。いずれ日本にも本格的にデュアルキャリアという教育が取り入れられるようになるにしろ、今すぐにできるようなことではありません。

将来的にデュアルキャリア教育によって育ったアスリートが当たり前のように活躍するようになったとき、我々が行おうとしているアスリートＰＭＯのようなセカンドキャリア支援は必要なくなり、アスリートが自分自身で素晴らしいセカンドキャリアという未来を手に入れられるようになっている時代が来ていると思います。

でもそれは、まだ少しだけ先のこと。

相変わらずアスリートの引退後のセカンドキャリアに関しては、選択肢が限られているという厳しい現実が待っています。

そうした現状を打破し、社会を再構築する。アスリートとして輝いたように、引退後のキャリアのビジネスの世界でも、アスリート時代以上に輝いて欲しい。

そのための第一歩が「アスリートＰＭＯ」だと考えています。

我々＆ａｔｈが提案する「アスリートＰＭＯ」というビジネスキャリアは、日本にデュアルキャリアが定着するまでの繋ぎとしては十分に価値があると私自身は自負しています。

つまり我々＆ａｔｈの事業は、デュアルキャリア教育の前段階なのです。

今まさに私が「アスリートＰＭＯ事業」においてターゲットとしているのは、スポーツに真摯に取り組んできた30代までのアスリートの方々。社会人までやった、セミプロでやった、それこそプロでやった、そうしたアスリートを対象として引退後のキャリアを提示し、ビジネスアスリートとして活躍して欲しい。

それが我々＆ａｔｈの願いなのです。

新たな道に挑戦するステップ

私自身、小学校から高校まで野球一筋に打ち込む生活を送りました。

野球を始めるきっかけは、父親が買ってくれたグローブ。野球好きで草野球をやっていた父親は、家の前でよく私とキャッチボールをしてくれました。

テレビ中継がある日はテレビの前でメガホンを持って声援を送りながら観戦。広島出身の父親はカープファンでしたが、私はもっぱら巨人ファン。テレビの野球中継にかじりついて見ていたことを覚えています。

父の事業が順調だったこともあり、小学校から立教小学校に通っていた私ですが、父の事業が傾くにつれて両親の仲違いが始まり、私が小学校5年生のときに離婚しました。

両親が離婚し、小学校5年生で父と離れたときのことは今でもはっきりと覚えています。

父が仕事で留守にしている間に、母と私たち兄弟は荷物を積み込んだ引っ越し用トラックで父のもとを去りました。

いよいよ住み慣れた家を出ていくそのとき、玄関の脇に繋がれたゴールデンレトリバーのジャッキーが、じっと私のことを見ていました。

小学校3年生のときから飼っていたジャッキー。いつも一緒に遊んでいたジャッキー。

そのジャッキーが、トラックの助手席に座っている私のことをじっと見ているのです。

その目はまるで「僕を置いてどこに行くの」と訴えているかのよう。

あのとき、悲しい目をしてずっと私のことを見ていたジャッキーの姿が、今でも目に焼きついています。

あの日以来、家族4人揃って暮らすことはありませんでした。

「何で離婚しちゃったんだろう…」

当時小学校5年生だった私には、その理由まではわかりませんでした。ただただ悲しかった。

そんな自分の環境を忘れさせてくれたのが野球でした。野球に没頭することで私は自らの辛い境遇を忘れようとしていたのです。

私自身は経済的な理由から、大好きな野球を大学で続けることができませんでした。当時高校生だった私には、自分の力ではどうすることもできなかったのです。

野球を続けたくても自分の力ではどうすることもできず諦めざるを得なかった、あのときの私自身の苦い経験が、今の私の事業の根本にあります。

アスリートのセカンドキャリアの現状も、自分ではコントロールできないケースがほとんど。

「アンコントロールな環境に陥ってしまっているアスリートの未来を私が手助けしたい」

私自身は大学で野球を続けられなかったけれど、アメフトという新たな道に挑戦したことで、いろいろな出会いがありました。その経験が今の私に繋がっています。

「アスリートがスポーツの道を離れた後、新たな道に挑戦するというステップを提供できる事業をやりたい」

野球、アメフトとスポーツ一筋で生きてきた私が、今ではまったく異なるビジネスの世界で生きています。

言うなればそれは、私にとってのセカンドキャリア。自分が突き詰めてきたスポーツとはまったく違う世界で生きている私だからこそ決意しました。

「アスリートのセカンドキャリアに繋がる仕事をやりたい」

アスリートPMO事業がアスリートの希望溢れる未来となり、企業の人材不足を解消する最も有効な手段となる。私自身はそう信じています。

私が今あるのも両親のおかげ。今ここまで来ているのは両親のおかげだと、当たり前だと叱られるかもしれませんが、最近やっと心からわかるようになってきました。

天国にいる父親が大好きな芋焼酎を笑顔で飲みながら、「お前の息子凄いな」と天国でまわりにいる人たちから賞賛されるような事業にしていく。

すべての始まりは感謝から。

一人寂しく逝ってしまった父親に「ありがとう」と言いたい。

そんな父親の恩に報いるためにも、私自身が挑戦し続ける。

挑戦するという選択をしたアスリートの受け皿になるようなビジネスにしていく。

『スポーツには嘘がないから好きだ』

亡くなる直前、最初で最後のサシ飲みの席でそう言った父。

その父の言葉通り、リアルな感動を人々に与えるのがスポーツです。

私が取り組もうとしているアスリートPMO事業は父親への恩返しでもあるのです。

日本のスポーツビジネスの未来を創る

今、私には目標があります。

「NFL（ナショナル・フットボール・リーグ）のチームオーナーになること。そしてNFLの日本進出を果たし、日本のスポーツビジネスの発展に貢献する」

今の私からすれば、手が届かないと思えるほど大きな志であり目標かもしれません。

しかし私の恩師の言葉の一つに「思考の中に未来がある」という言葉があります。

目標を立て、協力者と手を合わせ、行動し続ける。

私の志が実現したとき、沖縄にチームを持つ。

実は沖縄は半径3時間圏内（日本以外含め）の移動範囲に3億人が住んでいるのです。

そこに目をつけたのが日本一のマーケターと呼ばれる森岡毅さん。彼は今、2026年オープン予定のテーマパークを沖縄につくっています。

沖縄の年間渡航者数は実はハワイと同じ。ところが観光客が落としていく金額がまるで違います。ハワイと違って沖縄は「3泊目が難しい」と言われます。その〝3泊目〟を狙って沖縄にテーマパークを開こうとしているのです。

私も端っこでもいいからNFLのオーナーになって、沖縄に本場NFLのチームの本拠地をつくる。本場のスポーツビジネスを日本に輸入し、日本の選手が海外に行くのではなく、日本に留まり、日本をアメリカと並ぶくらいのスポーツエンタメ大国にする。

そんな日本のスポーツビジネスの未来を創る。

それが私の志であり、目標。

そのためにビジネスの世界で輝くアスリートを数多く輩出して、一緒に夢の実現に向けて進んでいく。アスリートPMOの価値を企業にアプローチして、共にスポーツビジネスの発展に協力して取り組んでいく。

私の使命は、一人でも多くのビジネスアスリートを世の中に送り出すこと。

それが日本のスポーツビジネスの発展に繋がると確信しています。

今私は、すべてのアスリートに向かって呼びかけたい。

『アスリートPMOで同じ夢を描こうぜ！』

本書の内容が、引退後のセカンドキャリアについて悩むすべてのアスリート、人材不足の課題を抱えるすべての企業のお役に立てることを願っています。

最後になりますが、本書を天国にいる私の父・三保日出男に、感謝を込めて贈りたいと思います——。

三保将司

MASASHI MIHO

立教大学経済学部経営学科卒（現経営学部）。新卒で都市銀行に就職。ITコンサル業界に転職し、その後、新規事業創造×コンサル支援の独立系コンサルティングファームにて、事業創造、セールス&アライアンス構築等の業務に約3年間従事。2020年に独立して株式会社&athを設立。自身のスポーツ経験とメガバンクでの営業経験、コンサルティング業界でのカスタマーインサイト経験を通じ、スポーツの力で地域から世界へ感動をもたらす事業の構築を目指す。

「ビジネスアスリート」が企業《きぎょう》を救《すく》う！

ＡＩ《エーアイ》時代《じだい》こそ必要《ひつよう》とされる
アスリートの４つのマネジメント能力《のうりょく》

三保将司《みほまさし》 著

2024年10月5日　初版発行

発行者　磐﨑文彰
発行所　株式会社かざひの文庫
〒110-0002　東京都台東区上野桜木2-16-21
電話／FAX 03(6322)3231
e-mail: company@kazahinobunko.com
http://www.kazahinobunko.com

発売元　太陽出版
〒113-0033　東京都文京区本郷3-43-8-101
電話 03(3814)0471　FAX 03(3814)2366
e-mail: info@taiyoshuppan.net
http://www.taiyoshuppan.net

印刷・製本　モリモト印刷
出版プロデュース　谷口 令
編集　21世紀BOX
装丁　藤崎キョーコデザイン事務所
DTP　KM-Factory

ISBN978-4-86723-178-4